시은맘의
명작 동화 손뜨개 인형

Collect 18

시은맘의
명작 동화 손뜨개 인형

황부연 지음

Classic Story Crochet

동양북스

PROLOGUE

그 많은 뜨개 중 9년 넘게 인형 만들기만을 하게 될 줄은 몰랐습니다. 인형을 만들며 밤을 지새운 날이 많았지만, 이상하게도 힘들지 않았어요. 해도 해도 재미있고 만들 때마다 기쁨이 되었습니다. 그렇게 첫 번째 책을 내고 다시 한 번 <시은맘의 명작 동화 손뜨개 인형>으로 여러분을 만나 뵙게 되었습니다.

좋아하는 일을 직업으로 삼고 사는 것이 사실 저에게는 동화 같은 이야기이지만, 이번 책에는 진짜 동화 속 주인공들을 만들게 되었습니다. 어릴 적 엄마가 사주신 명작 동화들이 떠올라 아련함과 행복함을 느끼며 만드는 내내 즐거웠습니다. 여러분도 이 책을 통해 어릴 적 추억을 떠올리며 행복한 시간을 보내셨으면 좋겠습니다.

책을 만드는 데에 도움 주신 꼼꼼하고 해피바이러스를 보유한 보영 에디터님과 사진을 정말 사랑스럽게 찍어주신 하영 포토그래퍼님 그리고 예쁜 책 만들어 주신 윤경 디자이너님께 감사의 말씀 전합니다. 항상 아낌없는 지원과 응원을 보내는 가족들도 감사하고 사랑합니다.

저의 동화가 해피엔딩이 될 수 있도록 항상 노력하는 인형 작가가 되겠습니다. 이 책을 보시는 여러분들 정말 감사합니다.

시은맘 황부연

목차

005　PROLOGUE

PART 1　코바늘뜨기의 기초

010　코바늘 도구와 재료
011　책에서 사용한 실 정보
012　실과 바늘 잡는 방법
013　뜨개코의 명칭
014　기초 뜨개법
026　인형 뜨기의 시작 방법

PART 2　인형 만들기의 기본

036　도안 보는 방법
038　인형 만들기 기본 방법
038　코의 모양과 크기
039　짧은뜨기 줄이는 방법
040　실 바꾸기
041　배색하기
042　솜 넣기
043　입체 편물 마무리
044　평면 편물 마무리
045　뜨면서 남은 실 정리하기
045　구멍 조여 마무리
046　매듭지어 마무리
047　다리 잇기
049　인형 몸과 일체형 치마 뜨기
050　팔 잇기
052　팔에 와이어 넣기
053　얼굴 모양 예쁘게 뜨기
054　머리카락 뜨기(평면뜨기 부분)
055　머리카락 꿰매 붙이기
057　앞머리카락 꿰매 붙이기
058　묶은 머리카락 꿰매 붙이기
059　귀 꿰매 붙이기
060　눈, 코, 입 수놓기
064　옷깃 꿰매 붙이기
065　와이어로 인형 세우기
066　게이지 내기

명작 동화 속 주인공 만들기

070

빨강 머리 앤

088

빨간 모자

118

호두까기 인형

132

피노키오

156

이상한 나라의 앨리스

182

헨젤과 그레텔

코바늘뜨기의 기초

이 책의 인형은 코바늘로 만들어집니다. 인형을 만들기 위해 필요한 코바늘 기법을 배워 볼게요. 또 기본 코바늘 기법에서 변형된 시은맘만의 방식과 예쁜 인형을 뜨기 위해 주의해야 하는 부분도 함께 배워봅니다.

코바늘 도구와 재료

① **코바늘:** 인형을 뜰 때 사용하며, 모사용과 레이스용이 있다. 책에서는 레이스용 코바늘 0.1mm를 사용한다.
② **뜨개실:** 주재료이며, 책에서는 100% 면사인 레이스 실을 사용한다.
③ **돗바늘:** 편물을 연결하거나 마무리할 때, 인형의 눈, 코, 입 등을 수놓을 때 사용한다.
④ **자수용 바늘:** 자수를 놓을 때 사용하는 바늘이지만 책에서는 인형의 눈, 코, 입 등을 수놓을 때 사용한다.
⑤ **마커(표시링):** 뜨개코에 걸어 단수와 콧수를 구별할 때 사용한다.
⑥ **시침핀:** 편물을 고정하거나 위치를 표시할 때 사용한다.
⑦ **방울솜:** 인형의 속을 채울 때 사용한다.
⑧ **겸자:** 솜을 골고루 넣을 때 사용한다.
⑨ **가위:** 뜨개실을 자를 때 사용한다.
⑩ **고무줄:** 늑대 인형의 바지를 만들 때 사용한다. 2.0mm 굵기를 사용했다.
⑪ **미싱용 고무줄:** 모자를 인형에 씌울 때 사용한다.
⑫ **와이어:** 인형의 팔에 넣어 움직임이 가능하도록 한다. 인형을 세울 때도 사용한다. 1.50mm 굵기를 사용했다.
⑬ **우레탄줄:** 피노키오를 만들 때 마리오네트 인형을 표현하기 위해 사용한다. 0.7mm 굵기를 사용했다.
⑭ **마분지:** 흐물흐물한 소품을 빳빳하게 만들기 위해 편물 안쪽에 넣어 사용한다.

책에서 사용한 실 정보

책에 나오는 인형은 모두 면 100% 돌리코튼레이스 실로 제작하였습니다. 책의 인형보다 조금 더 크게 만들고 싶다면 돌리코튼 실과 모사용 코바늘 2호를 사용합니다. 더 작게 만들고 싶다면 돌리코튼레이스씬 실과 레이스 코바늘 0.75mm를 사용합니다.

실과 바늘 잡는 방법

✕ 실 잡는 방법 ✕

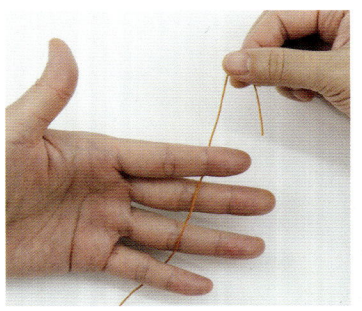 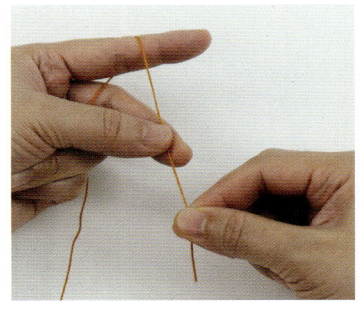 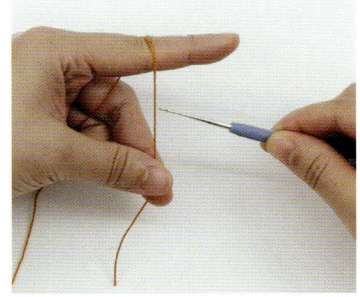

① 오른손으로 실 끝을 잡고 실을 왼손 중지와 약지 위에 건다.

② 실이 걸릴 수 있게 검지를 세워 삼각형을 만들고 엄지와 중지로 실 끝을 잡는다.

③ 코바늘을 쥐고 실 위에 놓는다.

✕ 바늘 잡는 방법 ✕

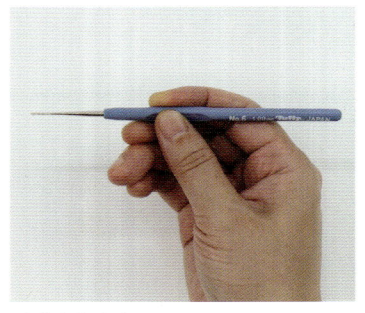 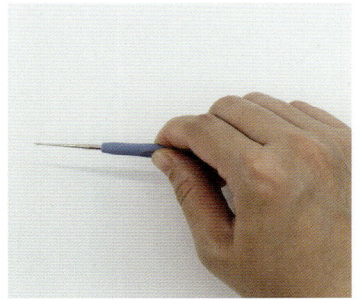

연필처럼 잡기
코바늘 잡는 가장 기본적인 방법으로 연필 잡듯이 잡는다.

나이프처럼 잡기
손목에 무리가 덜 가는 방법으로 나이프 잡듯이 잡는다.

뜨개코의 명칭

× 사슬코 ×

사슬뜨기를 뜨고 난 후 생기는 코를 '사슬코'라고 한다. 사슬코에는 겉면과 안쪽 면이 있다. 겉면에 보이는 V자 모양(반코 2개)과 안쪽 면 중앙에 있는 코산 모두를 가리켜 사슬코라 한다.

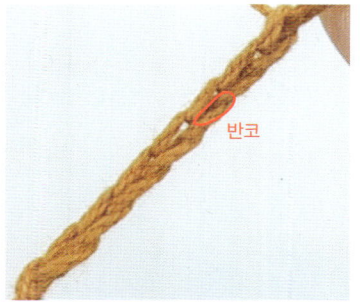

① V자 모양이 보이면 사슬코의 겉면.

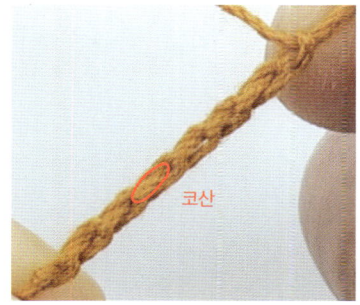

② 가운데 볼록하게 솟은 코 모양이 있으면 사슬코의 안쪽 면.

× 코의 머리(코머리) ×

사진처럼 V자 모양의 코를 '코의 머리'라고 한다. 다음 단이나 코를 뜰 때 코의 머리에 뜬다.

POINT

원형을 뜰 때는 코머리가 넓어지지 않도록 주의해서 뜬다. 코머리가 넓어지면 다음 단을 뜰 때 구멍이 생겨 예쁘게 떠지지 않는다.

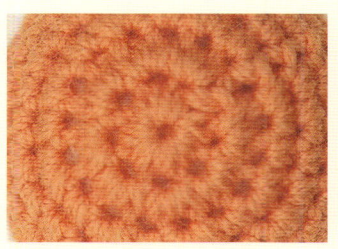

코머리가 넓어 구멍이 생긴 사진

코머리가 좁게 떠진 사진

× 기둥코와 코의 높이 ×

코바늘뜨기는 뜨개코에 따라서 단의 높이가 달라진다. 뜨개의 시작 지점에서 뜨개코를 떠서 높이를 맞추는데, 이 뜨개코를 기둥코라고 한다. 이 기둥코는 사슬뜨기로 뜨고 뜨개코에 따라 개수를 다르게 한다. 가 수가 많을수록 뜨개코의 높이가 높아진다.

POINT

이 책에서는 앞단 첫 코에 빼뜨기를 하고 기둥코를 세운 뒤 이번 단의 첫 코를 뜬다. 즉, 기둥코= 콧수에 포함하지 않는다.

 빼뜨기는 높이가 없으므로 기둥코를 뜨지 않는다.

 기둥코 = 사슬뜨기 2코

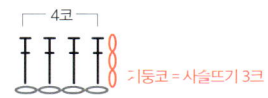 기둥코 = 사슬뜨기 3코

기초 뜨개법

⭕ 사슬뜨기

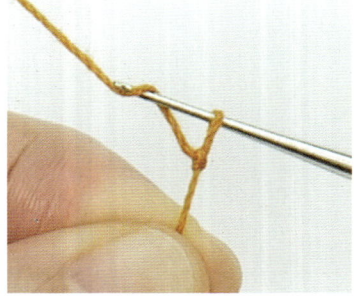

① 첫 코를 만들고 바늘을 실에 건다.

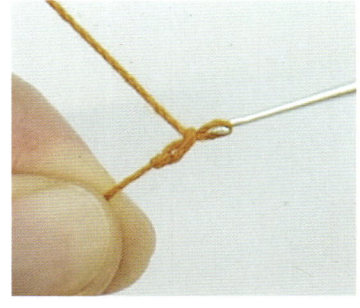

② 바늘에 걸린 실을 빼내 사슬코를 만든다.

③ ①, ②번 과정을 반복해서 사슬코를 3개 완성한다.

⚫ 빼뜨기

① 빼뜨기 할 코머리(앞단 코)를 찾는다.

② 코머리에 바늘을 넣는다.

③ 바늘에 실을 건다.

④ 앞단 코와 바늘에 걸린 실을 뺀다.

✕ 짧은뜨기

1. 앞단 코의 코머리에 바늘을 넣는다.
2. 바늘에 실을 걸어 ①번 과정의 코머리로 뺀다.

3. 바늘에 실을 걸고 고리 2개 안으로 뺀다.
4. 짧은뜨기 완성.

짧은뜨기 2코 늘려뜨기

1. 앞단 코의 코머리에 짧은뜨기 1코를 뜨고 같은 코에 짧은뜨기 1코를 더 뜬다.
2. 짧은뜨기 2코 늘려뜨기 완성

짧은뜨기 3코 늘려뜨기

1. 같은 코에 짧은뜨기 3코를 뜬다.

POINT

 '긴뜨기 2코 늘려뜨기'도 같은 요령으로 뜨는데, 앞단 코의 코머리에 긴뜨기 2코를 뜬다.

 '한길긴뜨기 2코 늘려뜨기'도 같은 요령으로 뜨는데, 앞단 코의 코머리에 한길긴뜨기 2코를 뜬다.

짧은뜨기 2코 모아뜨기(줄이기의 기본 방법)

① 줄이려는 첫 번째 코머리에 바늘을 넣고 실을 걸어 뺀다.

② 다음 코 코머리에 바늘을 넣고 실을 걸어 뺀다.

③ 바늘에 실을 걸어 3개의 고리 안으로 모두 뺀다.

④ 짧은뜨기 2코 모아뜨기 완성.

짧은뜨기 2코 모아 변형이랑뜨기(구멍이 덜 보이도록 줄이기)
책에서는 주로 이 방법을 사용한다.

① 줄이려는 첫 번째 코의 앞쪽 반코에 바늘을 넣는다.

② 이어서 다음 코의 앞쪽 반코에 바늘을 넣는다.

③ 바늘에 실을 걸어 고리 2개 안으로 뺀다.

④ 바늘에 2개의 고리가 남은 상태에서 실을 걸어 고리 2개 안으로 모두 뺀다.

⊗ 짧은뜨기 안쪽무늬뜨기

평면뜨기를 할 때 겉면과 안쪽 면을 구분해서 뜨기 위해 안쪽 면을 뜰 때 사용한다.

① 앞단 코의 코머리에 바늘을 뒤에서 앞으로 넣는다. 이때, 실이 바늘 앞으로 오도록 한다.

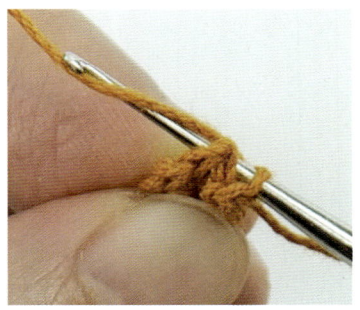

② 바늘에 실을 걸어 ①번 과정에 넣은 코 뒤로 뺀다.

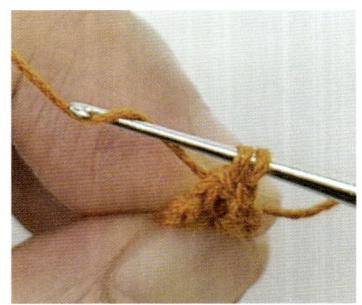

③ 바늘에 실을 걸고 고리 2개 안으로 모두 뺀다.

④ 짧은뜨기 안쪽무늬뜨기 완성.

> **POINT**
> 안쪽무늬뜨기가 어려운 사람은 일반적인 방법(짧은뜨기, 긴뜨기 등)으로 떠도 무관하다. 무늬만 조금 생길 뿐 인형의 형태가 달라지지는 않는다.

✕ 짧은뜨기 뒤이랑뜨기

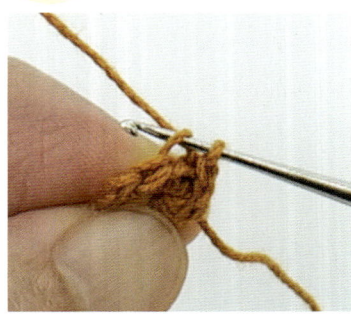

① 앞단 코의 뒤쪽 반코에 바늘을 넣어 짧은뜨기를 한다.

② 짧은뜨기 뒤이랑뜨기 완성.

> **POINT**
> ┬ '긴뜨기 뒤이랑뜨기'도 같은 요령으로 뜬다.
> '짧은뜨기 2코 늘려 뒤이랑뜨기'도 같은 요령으로 뜬다.

ⵝ 짧은뜨기 앞이랑뜨기

> **POINT**
> ┬ '긴뜨기 앞이랑뜨기'도 같은 요령으로 뜬다.
> ⵝ '짧은뜨기 2코 늘려 앞이랑뜨기'도 같은 요령으로 뜬다.

① 앞단 코의 앞쪽 반코에 바늘을 넣어 짧은뜨기를 한다.

② 짧은뜨기 앞이랑뜨기 완성.

┬ 긴뜨기

① 바늘에 실을 걸어 앞단 코 코머리에 바늘을 넣는다.

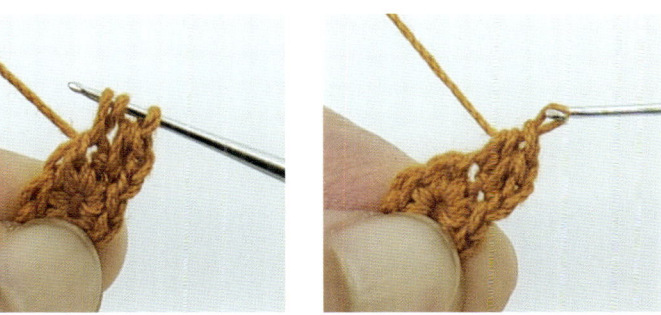

② 다시 바늘에 실을 걸어 앞으로 뺀다. 이 상태를 미완성 긴뜨기라 한다.

③ 바늘에 실을 걸어 고리 3개 안으로 모두 뺀다. 긴뜨기 완성.

T 긴뜨기 안쪽무늬뜨기

① 바늘에 실을 사진처럼 걸고 앞단 코 코머리의 뒤에서 바늘을 넣는다.

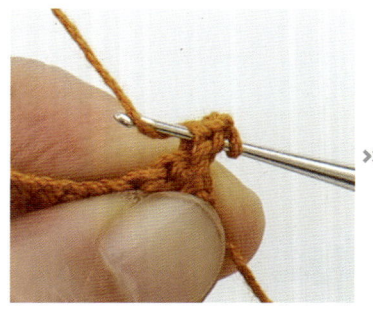 

② 바늘에 실을 걸어 뒤로 뺀다.

③ 바늘에 실을 걸어 고리 3개 안으로 모두 뺀다.

④ 긴뜨기 안쪽무늬뜨기 완성.

한길긴뜨기

1. 바늘에 실을 걸고 앞단 코에 넣는다.
2. 실을 걸어 빼고 다시 바늘에 실을 걸어 고리 2개 안으로 뺀다. 이 상태를 기완성 한길긴뜨기라고 한다.

3. 다시 바늘에 실을 걸어 2개 안으로 모두 뺀다.
4. 한길긴뜨기 완성.

한길긴뜨기 2코 모아뜨기

1. 바늘에 실을 걸어 줄이려는 첫 번째 코 코머리에 넣고 다시 실을 걸어 고리 2개 안으로 뺀다.
2. 다시 실을 걸어 고리 2개 안으로 뺀다.

❸ 실을 걸어 다음 코 코머리 안으로 넣어 다시 실을 걸어 뺀다.

❹ 실을 걸어 고리 2개 안으로 뺀다.

❺ 다시 실을 걸어 남은 고리 3개 안으로 모두 뺀다.

두길긴뜨기

① 바늘에 실을 2번 걸고 앞단 코 코머리에 바늘을 넣는다.

② 실을 걸어 뺀다.

③ 다시 실을 걸어 고리 2개 안으로 뺀다.

④ 다시 실을 걸어 고리 2개 안으로 뺀다.

⑤ 다시 실을 걸어 남은 고리 2개 안으로 모두 뺀다.

⌡ 짧은뜨기 앞걸어뜨기

  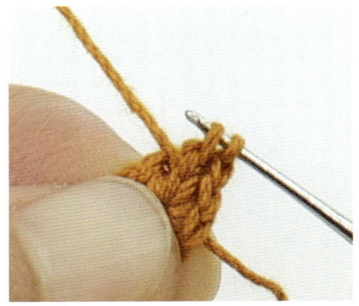

① 앞단 코 아래 코머리가 아닌 기둥 코에 바늘을 넣는다.

② 바늘에 실을 걸어 기둥코를 통과해서 가지고 나온다.

③ 바늘에 실을 걸어 고리 2개 안으로 모두 뺀다.

⌡ 빼뜨기 앞걸어뜨기

① 앞단 코머리가 아닌 기둥코에 바늘을 넣는다.

② 바늘에 실을 걸어 걸려 있는 2가닥의 실을 모두 통과한다.

피코뜨기

1. 사슬뜨기 3코를 한다.
2. 첫 번째 사슬 반코에 바늘을 넣는다.
3. 바늘에 실을 걸어 고리 2개 안으로 모두 뺀다.

POINT 사슬뜨기 4개로 시작해서 피코뜨기와 같은 요령으로 뜬다.

코 비우기

1. 코 비우기 기호가 있는 곳은 뜨지 않고 건너뛴다.
2. 1코를 비우고 다음 코 코머리에 바늘이 들어간 모습.
3. 코 비우기 완성.

인형 뜨기의 시작 방법

✕ 실을 2번 감아 원형코 만들기(원형뜨기) ✕

인형을 만들 때는 단단하게 조이기 위해 실을 2번 감아 원형코를 만든다. 짧은뜨기로 1단을 만들어보자.

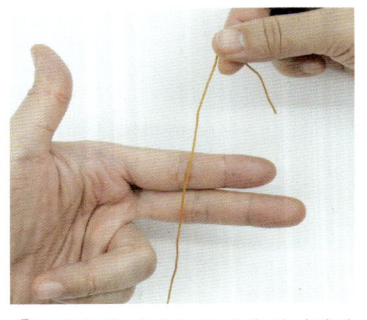

① 왼손의 검지와 중지에 사진처럼 실을 올리고 오른손으로 실 끝을 잡는다.

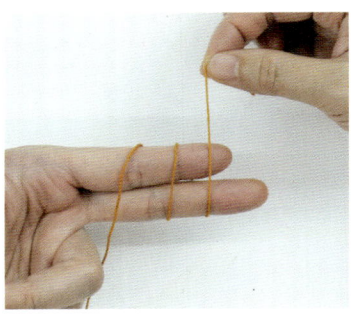

② 손가락에 실을 2번 감는다.

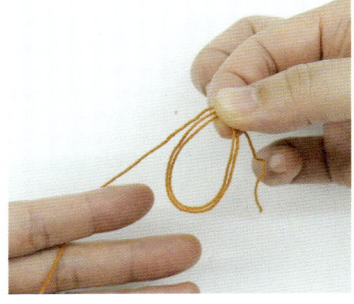

③ 오른손으로 3가닥의 실을 옮겨 잡는다.

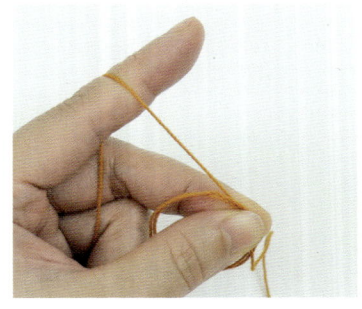

④ 왼손 검지에 실을 걸고 엄지와 중지로 원형코를 잡는다.

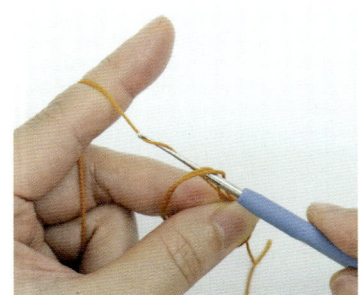

⑤ 오른손으로 코바늘을 잡고 원형코 안으로 바늘을 넣어 실을 걸어 뺀다.

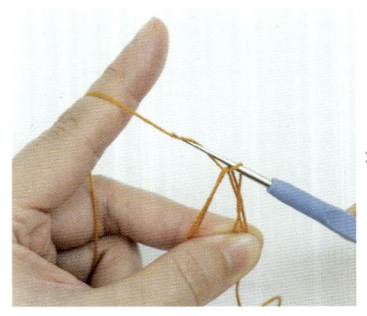
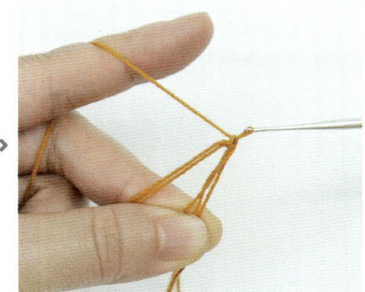

⑥ 바늘에 실을 걸어 고리 사이로 뺀다. 짧은뜨기의 기둥코(사슬뜨기 1코) 완성.

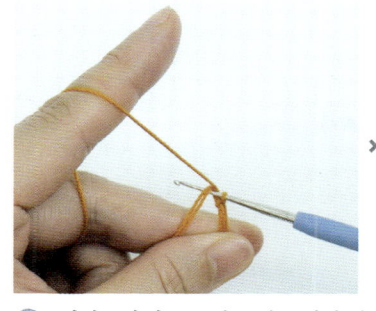 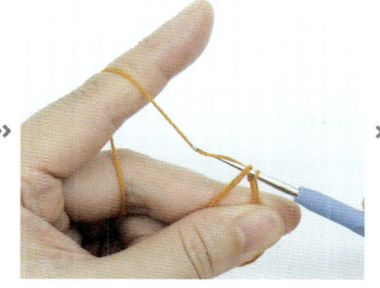 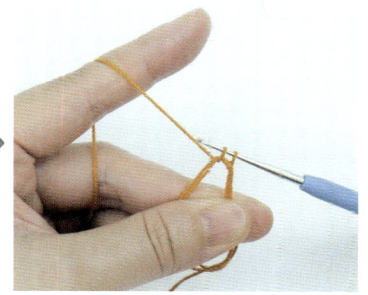

⑦ 원형코에 바늘을 넣고 실을 걸어 뺀다.

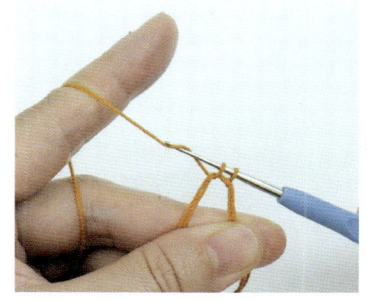 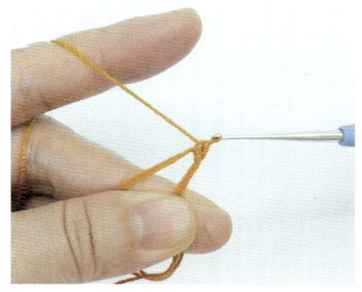 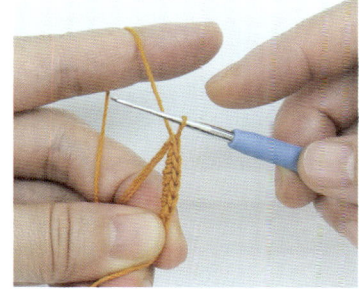

⑧ 다시 실을 걸어 고리 2개 안으로 모두 뺀다.

⑨ 과정 ⑦~⑧번을 5번 반복해 짧은뜨기 총 6코를 완성한다.

POINT 콧수가 많은 경우

 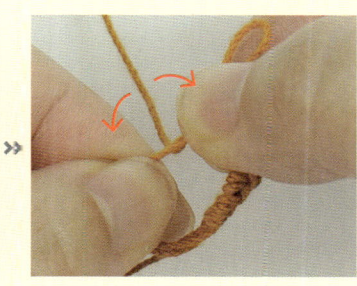 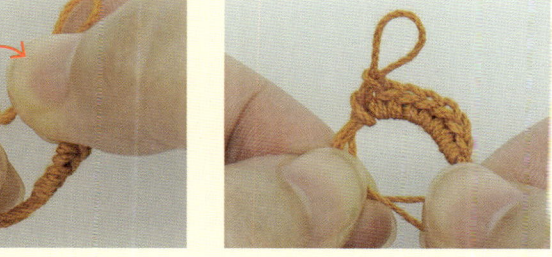

① 원형을 만들어 놓은 실과 짧은뜨기를 한 실을 서로 반대 방향으로 힘을 주어 짧은뜨기한 것을 모은다.

② 원을 중심으로 코머리가 바깥쪽으로 가도록 가지런하게 모아 놓는다.

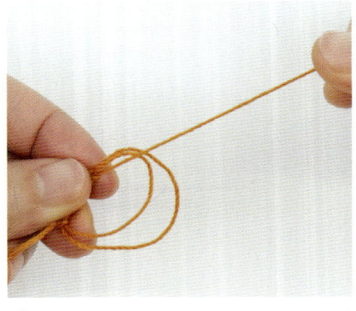 

⑩ 실 끝을 당겨서 원형코를 만든 실 2가닥 중 움직이는 실을 찾는다.

⑪ 움직이는 실이 아닌 다른 실을 당겨 조인다.

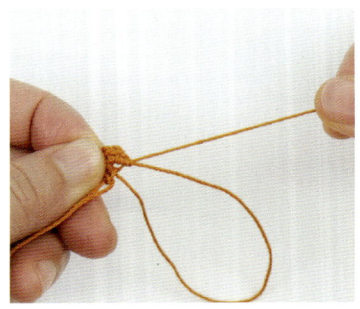 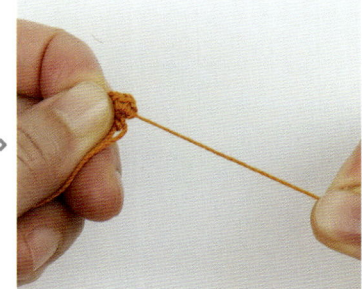

⑫ 실 끝을 당겨서 나머지 1가닥도 모두 조여 구멍이 생기지 않도록 한다.

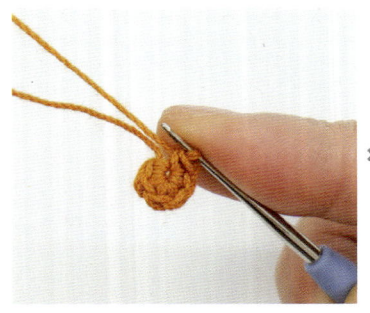 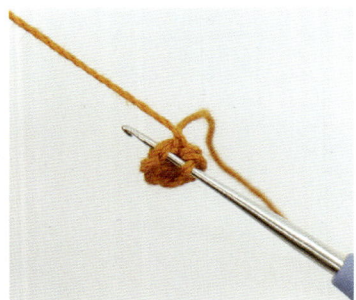

⑬ 1단의 마무리를 위해 빼뜨기를 하는데, 처음에 떴던 첫코를 찾아 바늘을 넣는다.

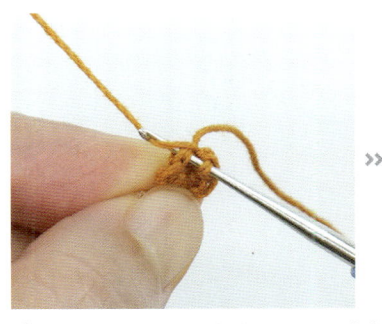 

⑭ 실을 걸어 고리 2개 안으로 모두 뺀다.

POINT

2단은 기둥코를 세운 후 짧은뜨기를 하는데, 이때 첫코가 아닌 다음 코에 뜨지 않도록 주의한다.

올바른 예시   틀린 예시

첫코, 빼뜨기, 기둥코는 모두 한곳에!

· 첫코 찾기

① 1단을 뜬 후 다음 단을 뜨기 위해서는 앞단 첫코를 찾아야 한다. 바늘에 걸려있는 실은 콧수에 포함되지 않고 코의 머리를 거꾸로 세어서 첫 번째 코를 찾는다.

② 2단 이후부터는 빼뜨기와 기둥코를 지나서 첫코가 된다. 코의 구분이 어려운 경우에는 첫코를 뜬 후 코머리에 마커를 걸어서 표시하면 쉽게 찾을 수 있다. 다만, 코바늘뜨기는 콧수를 세는 것이 중요하므로 콧수를 세면서 뜨는 연습이 필요하다.

· 빼뜨기

빼뜨기한 코머리가 넓어지면 인형의 완성도가 떨어지므로 편물과 바늘에 걸린 실을 반대로 힘주어 꽉 조인다.

· 기둥코

다음 단을 뜨기 위해 기둥코를 세울 때는 실을 살짝 빼서 높게 해주고 기둥코(사슬뜨기)를 뜬다.

· 첫코에 짧은뜨기

앞단 첫코를 찾아 빼뜨기를 하고 기둥코를 세우므로 같은 코에 짧은뜨기를 해야 콧수에 변함이 없다. 다음 코에 하게 되면 1코가 모자라게 되어 **빼뜨기** 코가 사선으로 올라가게 되니 주의한다.

✕ 사슬뜨기로 원형코 만들기(원통뜨기) ✕

중심에 구멍을 크게 만들 때 사용하는 방법이다.

 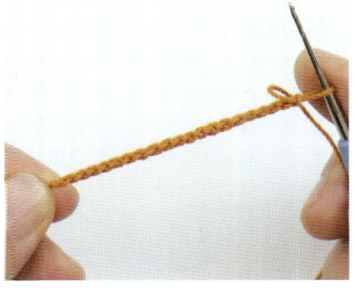 

① 사슬뜨기 20코를 떠서 기초코를 만든다.

② 왼손으로 사진처럼 사슬코 산이 보이도록 잡는다.

③ 원형이 되도록 사슬의 시작과 끝 부분이 만나도록 한다.

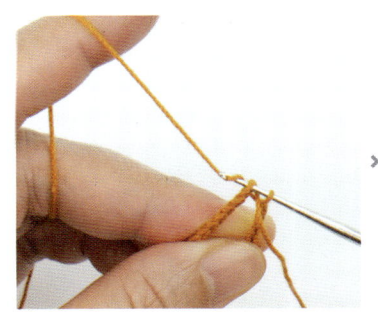 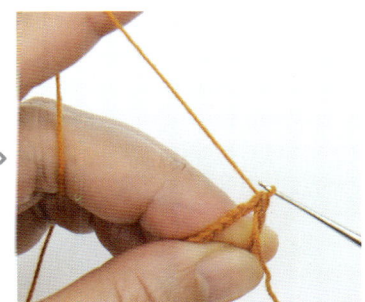

④ 첫코 반코에 빼뜨기를 해서 원형코를 만든다. 기둥코를 세우고 1단을 뜬다.

POINT

사슬코에 바늘을 넣어 실을 걸어 뜰 때 어디에 넣어 뜨는지에 따라 3가지 방법으로 나뉜다.

 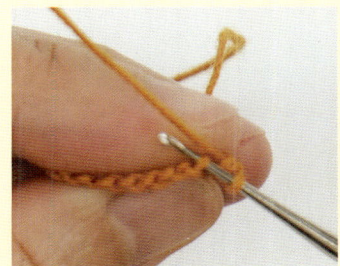 

① 사슬 반코(1가닥)에 걸어 뜨기는 가장 쉬운 방법이다.

② 코산(1가닥)에 걸어 뜨는 방법으로 단의 모양을 예쁘게 마무리할 수 있다.

③ 사슬 반코와 코산(총 2가닥)을 한꺼번에 걸어 뜨는 방법으로 구멍을 작게 만들 수 있다.

✕ 사슬뜨기로 시작해서 평면뜨기(왕복뜨기) ✕

평면인 편물을 뜨는 것으로 편물을 앞뒤로 돌려가면서 뜬다.

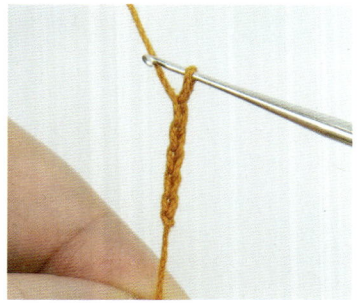
① 사슬뜨기 5코를 뜬다.

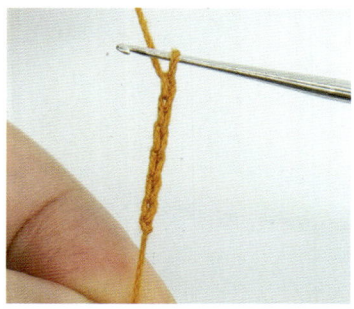
② 기둥코(짧은뜨기 기둥코=사슬뜨기 1코)를 세운다.

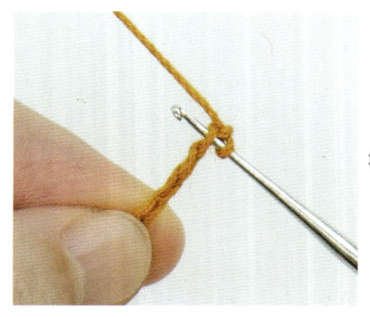 » 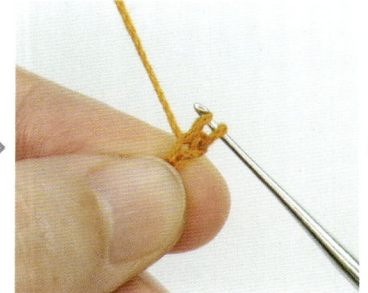 »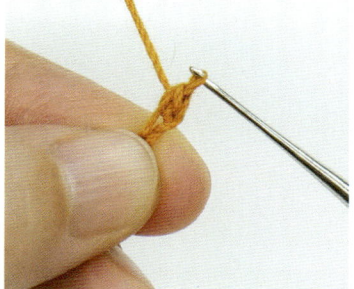
③ 사슬 반코에 바늘을 넣고 짧은뜨기 1코를 뜬다.

④ 마지막 코까지 뜬다. 코의 구분이 어렵다면 마커를 이용하거나 콧수를 세면서 뜬다.

 »
⑤ 뜨고 있던 편물의 방향을 반대가 되도록 돌린 후 기둥코를 세운다.

 앞단 첫코부터 끝까지 뜬다.

> **POINT**
>
> 평면뜨기를 하면 안쪽 면과 겉면을 돌려가며 뜨기 때문에 원형뜨기와 다른 무늬가 생긴다. 책에서는 원형뜨기와 같이 겉면은 겉의 무늬, 안쪽 면은 안쪽 무늬가 나오도록 떴다.

인형 만들기의 기본

인형을 만들기 위해서는 코바늘로 뜨는 것 이외에도 많은 것들이 필요해요. 예쁜 모양으로 뜨는 방법과 솜을 적당히 넣는 방법, 와이어를 넣어 움직일 수 있도록 하는 방법 등 그동안 인형을 만들면서 익힌 저만의 노하우를 담았습니다. 예쁜 인형을 만들기 위해 차근차근 익혀주세요.

도안 보는 방법

× 기본 도안 ×

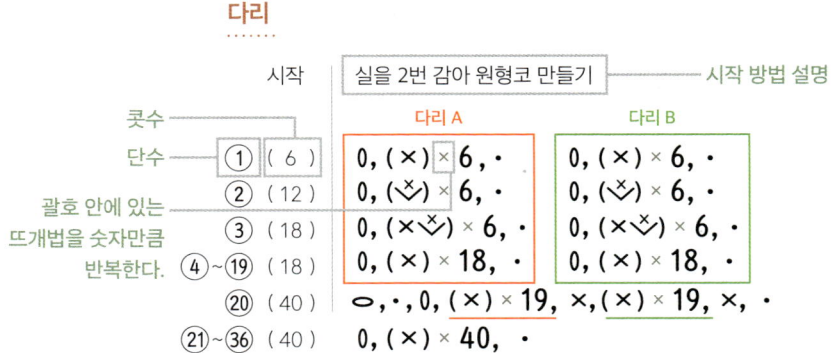

- ⑲단까지 다리 A와 B를 각각 뜬다.
  이때, 다리 A는 실을 10cm 정도 남기고 잘라 첫코의 안쪽으로 매듭지어 마무리한다.
  다리 B는 실을 자르지 않고 둔다.

도안 해석

1단(6코): 기둥코(사슬뜨기 1코), 짧은뜨기 6코, 빼뜨기 1코
2단(12코): 기둥코(사슬뜨기 1코), 짧은뜨기 2코 늘려뜨기 6코, 빼뜨기 1코
3단(18코): 기둥코(사슬뜨기 1코), 짧은뜨기 1코+짧은뜨기 2코 늘려뜨기 1코 6번 반복, 빼뜨기 1코
4~19단(18코): 기둥코(사슬뜨기 1코), 짧은뜨기 18코, 빼뜨기 1코
* 19단까지 다리 2개를 만들고 20단에서 연결한다.
20단(40코): 사슬뜨기 1코, 빼뜨기 1코, 기둥코(사슬뜨기 1코), 짧은뜨기 19코, 짧은뜨기 1코, 짧은뜨기 19코, 짧은뜨기 1코, 빼뜨기 1코
21~36단(40코): 기둥코(사슬뜨기 1코), 짧은뜨기 40코, 빼뜨기 1코

╳ 타원뜨기 도안 ╳

옆머리카락

시작	사슬 30코로 시작해서 타원형뜨기
① (62)	
② (66)	

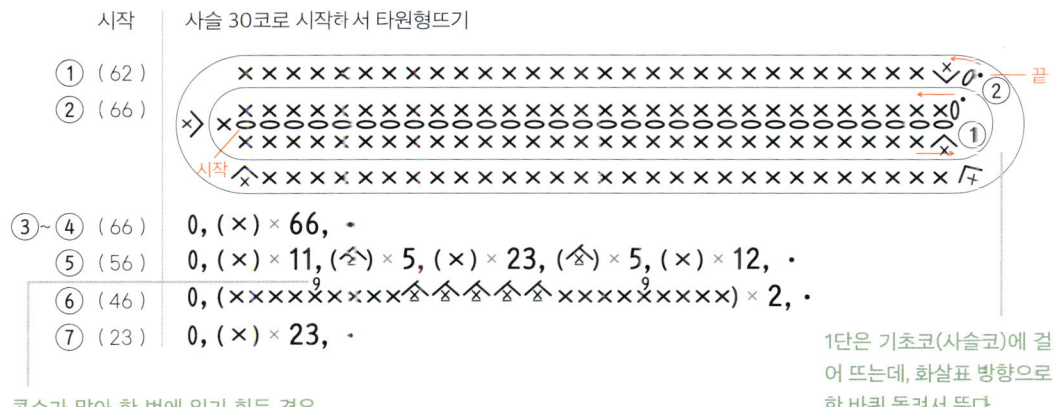

③~④ (66)	0, (×) × 66, •
⑤ (56)	0, (×) × 11, (⌂) × 5, (×) × 23, (⌂) × 5, (×) × 12, •
⑥ (46)	0, (××××⁹×××⌂⌂⌂⌂⌂×××⁹××××) × 2, •
⑦ (23)	0, (×) × 23, •

콧수가 많아 한 번에 읽기 힘든 경우
도안 위에 작은 숫자로 표기했다.

1단은 기초코(사슬코)에 걸어 뜨는데, 화살표 방향으로 한 바퀴 돌려서 뜬다.

╳ 평면뜨기 도안 ╳

앞치마

시작	사슬 10코로 시작해서 평면뜨기
① (13)	8, V, (T) × 4, V, (T) × 3, V
② (13)	8, (T) × 13
③ (15)	8, V, (T) × 11, V
④ (15)	8, (T) × 15
⑤ (17)	8, V, (T) × 13, V
⑥~⑦ (17)	8, (T) × 17

각 단마다 편물을 돌려가며 왕복뜨기를 한다.

╳ 실 색 ╳

Color 3번 피치 ──── 돌리코튼레이스 실의 번호가 표기되어 있다.

인형 만들기 기본 방법

코의 모양과 크기

✕ 코의 모양 예쁘게 만들기 ✕

코의 높이는 높게 뜨고 코의 머리는 좁게 뜨는 연습을 하면 인형을 예쁘게 만드는 데 도움이 된다.

올바른 예

틀린 예

① 바늘을 코머리 안으로 넣고 실을 걸어 길게 뺀다. 이렇게 하면 코의 높이가 높아져서 인형의 크기가 옆으로 퍼지지 않고 너무 작아지지 않게 하는 데 도움이 된다.

② 바늘에 2개의 고리가 걸린 상태에서 실을 걸어 최대한 짧게 뺀다. 코머리가 넓으면 인형에 구멍이 생기고 편물의 조직이 예쁘지 않다.

✕ 일직선으로 뜨기 ✕

오른손으로 바늘을 잡고 뜨면 코의 모양이 오른쪽으로 기울어지기 쉽다. 같은 콧수로 여러 단을 떴을 때 빼뜨기 코가 오른쪽으로 많이 기울어지면 본인도 모르게 오른쪽으로 당겨 뜨는 습관을 지닌 것이다.

일직선으로 코의 모양이 올라가게 떠야 인형의 완성도가 높아진다. 이 책의 인형들은 최대한 기울어지지 않게 떠서 만든 도안이기 때문에, 많이 기울어지면 인형의 형태가 틀어질 수 있으므로 일자로 뜨도록 주의한다.

• **도움이 되는 방법**

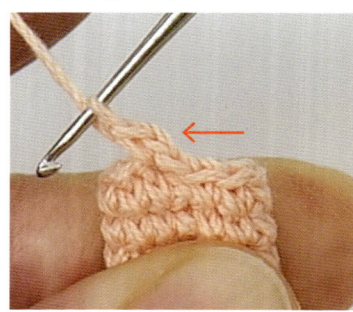

짧은뜨기를 마무리할 때 오른쪽으로 당기지 않고 살짝 왼쪽으로 힘을 주어 당긴다.

손가락을 편물 안쪽으로 넣지 말고 겉면을 접어서 잡고 뜬다.

짧은뜨기 줄이는 방법

짧은뜨기 줄이기는 도안의 기호를 주의해서 살펴봐야 해요. 기본적으로 사용되는 방법과 책에서 사용되는 줄이는 방법의 차이점을 알고, 인형을 만들 때 구멍이 나지 않는 방법을 숙지해둬.

✕ 짧은뜨기 2코 모아뜨기(=줄이기 기본 방법) ✕
2코를 1코로 줄이는 기본적인 방법이다.

① 줄이려는 첫 번째 코머리에 바늘을 넣고 실을 걸어 뺀다.

② 다음 코머리에 바늘을 넣고 실을 걸어 뺀다.

③ 바늘에 실을 걸고 3개의 고리를 모두 통과해서 뺀다.

✕ 짧은뜨기 2코 모아 변형이랑뜨기(=구멍이 보이지 않게 줄이는 방법) ✕
책에서 주로 사용하는 방법이다.

① 줄이려는 첫 번째 코머리 중 앞쪽 반코에 바늘을 넣는다.

② 다음 코머리의 앞쪽 반코에 바늘을 넣는다.

③ 바늘에 3개의 고리가 있는 상태에서 실을 걸고 2개의 고리를 통과해서 뺀다.

④ 바늘에 2개의 고리가 남은 상태에서 실을 걸고 고리 2개를 모두 통과해서 뺀다.

> **POINT**
>
> **2코 모아뜨기할 때 주의점**
>
> 2코를 1코로 만드는 만큼 코 사이에 공백이 생긴다. 공백이 생긴 곳은 코머리가 넓어지기 쉬워 편물에 구멍이 생길 수 있다. 모아뜨기할 때와 다음 코를 뜰 때 코머리가 넓어지지 않도록 주의하면서 뜬다.

실 바꾸기

단의 실을 교체할 때 사용한다.

① 바늘에 실이 2가닥 걸린 상태에서 짧은뜨기를 완성하지 않고 둔다. 이를 미완성 짧은뜨기라고 한다.

② 교체할 실을 왼손으로 잡은 다음, 바늘에 실을 걸고 고리 2개를 통과해서 짧은뜨기를 완성한다.

③ 실을 교체한 후 이전 실과 교체한 실을 한 번씩 당겨서 조인다.

배색하기

실의 컬러를 바꾸어 뜰 때 사용한다.

① 바늘에 실이 2가닥 걸린 상태에서 짧은뜨기를 완성하지 않고 둔다. 이를 미완성 짧은뜨기라고 한다.

② 교체할 실을 왼손으로 잡은 다음, 바늘에 실을 걸고 고리 2개를 통과해서 짧은뜨기를 완성한다.

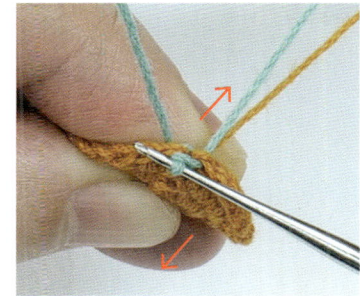

③ 바뀐 실로 빼뜨기를 한다.

④ 실을 교체한 후 이전 실과 교체한 실을 한 번씩 당겨서 조인다.

⑤ 다음 단의 첫코를 뜰 때는 뒤에 남은 실을 바늘 위에 두고 같이 뜬다. 이렇게 하면 단단하게 고정할 수 있다.

솜 넣기

✕ 팔에 솜 넣기 ✕

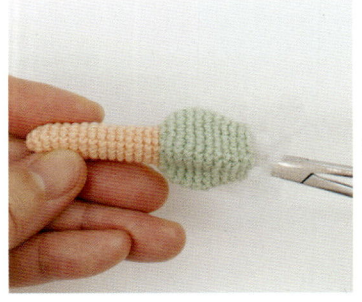
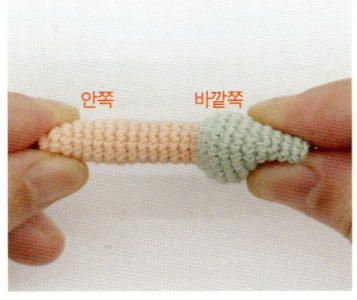

① 마무리한 팔의 빼뜨기 코가 중앙에 오도록 잡는다. 팔을 달 때 빼뜨기 자리가 중앙에 오도록 해야 하므로 솜을 넣을 때부터 잡고 해야 모양이 잘 잡힌다.

② 안쪽에 솜을 차곡차곡 채우고 바깥으로 갈수록 얇아지도록 만든다. 이때 솜을 너무 많이 채우면 팔이 뻣뻣해서 몸통 쪽에 가까이 붙지 않게 되니 주의한다.

솜을 넣은 후 팔의 모습. 바깥쪽으로 갈수록 얇아진 모습.

✕ 몸통과 얼굴에 솜 넣기 ✕

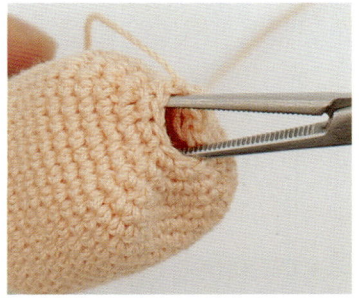

① 다리 안쪽부터 몸통의 시작 부분까지 솜을 차곡차곡 채운다. 와이어를 넣고 얼굴도 이어서 뜨기 때문에 몸통의 끝까지 넣지 않는다.

② 얼굴까지 모두 뜬 후 겸자로 입구를 넓히고 얼굴에 솜을 채운다.

③ 뭉치거나 빈곳이 있는지 확인해가며 솜을 채운다. 얼굴이 시작하는 부분은 입체감을 살려가며 솜을 넣는다.

④ 끝부분까지 빈 곳이 없도록 솜을 채운다.

입체 편물 마무리

× 매듭짓고 마무리 ×

 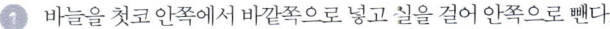  

① 바늘을 첫코 안쪽에서 바깥쪽으로 넣고 실을 걸어 안쪽으로 뺀다.

② 편물에 바짝 붙여 빠지지 않도록 3~4번 정도 굵게 매듭짓는다.

× 꿰맬 실 남기고 마무리 ×

① 빼뜨기한 후 도안에 따라 실을 길게 남기고 자른다.

② 돗바늘에 실을 걸어 첫코 바깥쪽에서 안쪽으로 빼내 꿰맬 준비를 한다.

평면 편물 마무리

× 원형뜨기 돗바늘로 실 정리하기 ×

① 실을 남기고 자른 후 돗바늘에 꿴다. 첫코 코머리에 바늘을 넣고 뒤로 뺀다.

② 겉면에서 보이지 않도록 숨기듯이 코의 뒷면을 여러 번 왔다 갔다 한 후 남은 실을 바싹 잘라 정리한다.

× 평면뜨기 돗바늘로 실 정리하기 ×

① 실을 남기고 자른 후 돗바늘에 꿴다. 편물에 구멍이 나지 않도록 아래쪽으로 바늘을 넣어 뺀다.

② 겉면에서 보이지 않도록 숨기듯이 코의 뒷면을 여러 번 왔다 갔다 한 후 남은 실을 바싹 잘라 정리한다.

> **POINT**
>
> **돗바늘에 실 꿰기**
>
> 돗바늘 구멍이 세로로 길기 때문에 실을 엄지와 검지로 납작하게 눌러 세로로 길게 만들어서 꿴다.
>
>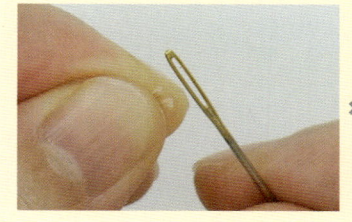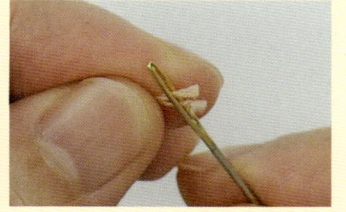

뜨면서 남은 실 정리하기

① 사슬뜨기 또는 원형뜨기에서 시작할 때 남은 실을 함께 뜨면서 정리한다.

구멍 조여 마무리

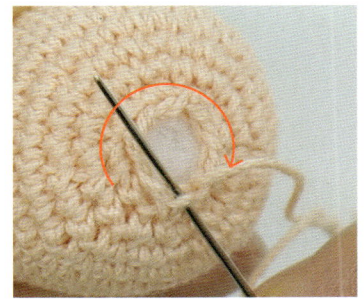  

① 돗바늘에 실을 꿴 후 바깥쪽에서 안쪽으로 1코씩 코의 앞쪽 반코만 넣고 뺀다.

② 마지막 코까지 바느질한 후 실 끝을 잡아당겨 구멍을 조인다.

③ 돗바늘을 첫코 안쪽으로 솜 안쪽까지 깊숙이 넣어 구멍이 큰 곳으로 뺀다.

④ 돗바늘을 빼낸 곳으로 다시 들어갔다가 다른 곳(구멍이 큰 곳)으로 나온다. 솜과 실이 엉키도록 2~3번 반복한다.

⑤ 마무리할 때는 실을 굵게 매듭짓고 다시 같은 구멍에 넣고 다른 곳으로 꺼내 매듭이 인형 안쪽으로 들어가도록 실을 잡아당긴다. 남은 실은 보이지 않도록 자른다.

POINT

돗바늘을 인형에 넣었다 빼면서 꿰매기 때문에 의도치 않은 부분이 꿰매지기도 한다. 그럴 경우 인형이 움푹 들어가 모양이 예쁘지 않기 때문에 바늘을 넣고 뺄 때 주의한다.

만약 인형을 잘못 꿰맸다면 인형의 모양을 돗바늘로 바로 잡은 후 힘을 주지 말고 바늘을 넣어서 꿰맨다. 한 번 꿰맨 후에는 힘을 주어도 영향을 받지 않는다.

매듭지어 마무리

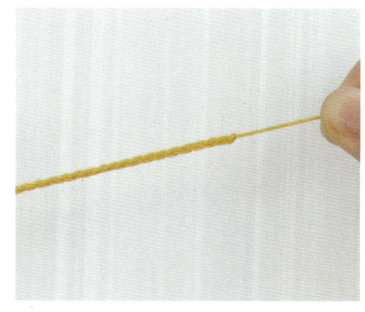 

① 남은 실을 인형에 숨겨 넣을 수 없을 경우 끝을 세게 매듭짓는다. 사슬뜨기한 끈의 경우 사슬을 뜬 부분으로 매듭을 짓는다.

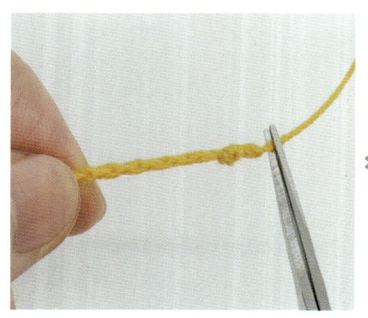 

② 다시 한 번 최대한 힘주어 매듭을 당기고 끝을 짧게 자른다.

다리 잇기

① 다리 2개 중 한쪽은 실을 잘라 첫 코 안쪽으로 매듭지어 정리한다. 다른 한쪽은 실을 자르지 않고 그대로 둔다.

② 다리 한쪽에 연결된 실로 사슬뜨기 1코를 뜬다. 도안에 사슬뜨기가 없는 경우는 뜨지 않고 다음 단계인 빼뜨기로 다리를 연결한다.

③ 다른 쪽 다리의 빼뜨기 코에 빼뜨기를 하여 다리를 연결한다.

POINT
③번 과정에서 빼뜨기 코의 코머리는 일반 코의 코머리와 다르므로 사진을 참고해서 바늘을 넣는다.

④ 기둥코를 세우고 빼뜨기한 코를 첫코로 한다. 빼뜨기 코를 포함해서 1코가 늘어난 콧수만큼 한쪽 다리를 뜬다.

⑤ ③번 과정에서 뜬 사슬뜨기 부분이 나오면 사슬코의 1가닥을 걸어 짧은뜨기를 한다.

⑥ 다른 쪽 다리의 첫코부터 뜨며 마지막 빼뜨기 코까지 포함해 1코가 늘어나게 뜬다.

⑦ ③번 과정에서 뜬 사슬뜨기 부분이 나오면 사슬코의 남은 가닥을 걸어 짧은뜨기를 한다. 첫코를 찾아 빼뜨기하면 2개의 다리를 연결한 단이 마무리된다.

인형 몸과 일체형 치마 뜨기

① 도안대로 치마를 뜨기 전 단계까지 뜬다.

② 인형을 돌려 마지막 코를 첫코로 두고 코머리의 바깥쪽 반코에 바늘을 넣고 도안대로 뜬다.

③ 사진처럼 치마의 안쪽이 겉으로 나오게 잡고 뜨면 편하게 뜰 수 있다. 치마는 인형보다 조금 느슨하게 떠야 예쁜 모양을 만들 수 있다.

④ 치마의 모양을 중간 중간 확인하면서 뜬다.

⑤ 몸통 부분을 뜰 때는 치마를 뜰 때 남겨 놓은 반코에 실을 걸어서 도안대로 뜬다.

팔 잇기

1. 팔 2개를 뜨고 실을 매듭지어 정리한 후 솜을 넣는다. 마무리한 팔의 빼뜨기 코가 중앙에 위치하도록 놓고 ②번 과정의 사진처럼 접는다. 빼뜨기한 코가 중앙에 오지 않아도 되고, 가장자리로만 위치하지 않도록 하면 된다.

2. 팔의 가장자리 부분의 코머리 2개에 바늘을 통과한다.

3. 몸통은 다음 코에 바늘을 넣어서 1코를 뜬다. 이때, 팔의 빼뜨기 자리는 바깥에서 보이지 않도록 몸통 쪽으로 놓고 뜬다.

4. 도안대로 몸통과 함께 뜨는데, 마지막 코도 첫코와 마찬가지로 접힌 팔의 가장자리 부분의 코머리 2개를 통과해서 뜬다.

⑤ 팔을 접었을 때 코의 개수가 보통은 도안의 개수보다 많기 때문에, 겉에서 보이지 않는 팔의 빼뜨기가 있는 쪽은 코를 임의로 비우면서 뜬다. ④번 과정의 마지막 코를 뜰 때 코가 모자라거나 남지 않도록 코를 비워 균형을 맞추면서 뜬다.

⑥ 도안대로 몸통 부분을 뜨고 나머지 팔도 ①~⑤번 과정과 같은 방법으로 몸통과 함께 뜬다.

⑦ 팔을 잇는 단을 빼뜨기로 마무리한 후 팔이 중심에서 대칭되게 잘 달렸는지 확인한다. 짧은뜨기가 사선으로 떠지면 빼뜨기 자리가 기울어지게 되어 팔을 달면 대칭이 되지 않는 경우가 있다. 이럴 때는 도안에서 팔이 달리는 위치를 본인의 인형에 맞게 수정해서 달아주자. 이때 콧수의 총합은 달라지지 않도록 주의한다.

팔에 와이어 넣기

① 와이어를 사진처럼 U자 형태로 팔 길이보다 조금 더 길게 자른다.

② 돗바늘로 팔의 안쪽에 와이어가 들어가기 쉽도록 구멍을 만든다.

③ 와이어가 팔의 양쪽 끝까지 들어가도록 넣는다.

④ 와이어가 몸통에 붙도록 모양을 잡고 솜을 넣을 때 빠지지 않도록 주의한다.

얼굴 모양 예쁘게 뜨기

① 얼굴의 늘이기 하는 부분은 빡빡하기 때문에 코가 작아지기 쉽다. 코가 작아지지 않도록 주의한다.

② 늘이기를 많이 한 만큼 모양이 퍼지게 된다. 자연스럽게 얼굴 모양이 되도록 코머리가 넓거나 좁아지지 않도록 신경 쓰면서 뜬다.

③ 잡고 뜨기 편한 단에서는 코머리가 넓어지는 경우가 많으므로 주의해서 뜬다. 코머리가 넓어지면 얼굴을 예쁘게 뜨기 어렵다.

머리카락 뜨기(평면뜨기 부분)

① 도안의 콧수대로 원형뜨기를 한다.

② 평면뜨기 부분은 편물을 돌려가면서, 안쪽무늬뜨기 기호가 있는 곳은 안쪽을 보면서 뜬다.

③ 바늘을 첫 번째 코머리의 겉에서 안쪽으로 넣는다.

④ 사진처럼 바늘에 실을 걸어 고리 2개를 통과한다.

⑤ 실을 다시 바늘에 걸어 남은 고리 2개를 통과해서 안쪽무늬뜨기 1코를 뜬다. 편물을 돌려가면서 도안대로 마지막 단까지 떠서 머리카락을 완성한다. 중간 중간 인형에 씌워 크기를 맞춘다. 너무 크면 힘을 주고 뜨고 단을 줄인다. 너무 작으면 느슨하게 뜨고 단을 늘린다.

머리카락 꿰매 붙이기

① 평면뜨기한 부분이 목에 맞도록 사진처럼 꽉 끼운다.

② 길게 남긴 실을 돗바늘에 꿰어 머리카락 양 끝을 너무 벌어지지 않도록 사진을 참고해서 꿰맨다.

③ 뒤쪽도 꿰매 모두 연결한다.

4 앞쪽의 윗부분도 코머리로 빼내 1코 크기의 땀으로 꿰맨다.

5 이마 부분은 자연스럽게 주름이 펴지도록 꿰맨다. 얼굴보다 머리카락이 조금 더 크기 때문에 모양을 잘 잡지 않으면 한쪽으로 치우쳐서 주름질 수 있다. 골고루 펴서 주름이 가지 않도록 꿰매는 것이 좋다.

6 머리카락을 전부 고정한 후 바늘을 편한 곳으로 빼 매듭지어 인형 안쪽으로 넣고 마무리한다.

POINT

꿰매기를 할 때 돗바늘을 빼기 힘든 경우 겸자를 이용하면 편하다.

앞머리카락 꿰매 붙이기

① 얼굴 중앙에 앞머리가 오도록 위치를 잡아 양쪽에 남긴 실을 각각 돗바늘에 꿰어 머리카락과 얼굴 사이로 넣고 편한 곳으로 뺀다.

② 중간 부분은 사진처럼 꿰매고 남은 실은 매듭지어 인형 안쪽으로 넣고 마무리 한다.

묶은 머리카락 꿰매 붙이기

① 모양이 잡힐 정도로만 솜을 채우고 실을 돗바늘에 꿰어 첫코 안쪽으로 빼내 준비한다.

② 빼뜨기 자리가 아래로 가도록 도안의 위치에 시침핀으로 고정한다. 묶은 머리카락 안쪽으로 바늘을 넣어 편한 곳으로 뺀다.

③ 동그란 모양을 유지하면서 꿰맨다. 코머리를 통과해서 빼고 묶은 머리카락에 바짝 붙여 바늘을 넣는다.

④ 구멍을 모두 막기 전에 겸자로 솜을 채워 모양을 잡는다. 남은 실은 매듭지어 인형 안쪽으로 넣고 마무리한다.

귀 꿰매 붙이기

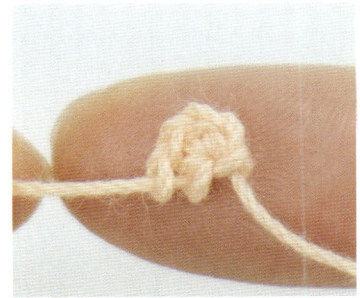
① 귀를 도안대로 뜬다.

② 실을 돗바늘에 꿰어 겉면이 앞을 보도록 위치를 잡고 아래부터 머리카락 코머리 부분에 바늘을 넣어 실을 뺀다.

③ 윗부분의 실도 돗바늘에 꿰어 2번 과정에서 고정한 귀를 머리카락 대각선 1단 아래에 바늘을 넣어 실을 뺀다.

 »  »
④ 실로 가운데 부분을 꿰맨다. 양쪽 끝도 코머리를 통과해서 꿰매고 남은 실은 매듭지어 인형 안쪽으로 넣고 마무리 한다.

눈, 코, 입 수놓기

① 도안을 참고해서 코의 위치에 시침핀을 꽂아 수놓을 위치를 표시한다.

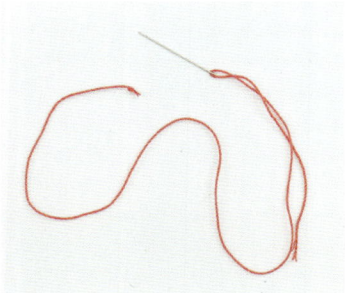

② 코를 수놓을 실을 자수용 바늘에 꿰어 끝을 매듭짓는다. 이 책에서 얼굴은 모두 자수용 바늘로 수놓았다.

③ 시침핀을 꽂은 위치로 실을 빼고 매듭이 인형 안쪽으로 들어가도록 한다.

④ 코를 프렌치노트 스티치(063p 참고)로 수놓고 남은 실은 마무리 하지 않고 머리 뒤쪽으로 뺀다.

⑤ 눈을 수놓을 실 30cm 정도를 자수용 바늘에 꿴다. 코에서 1코 반 정도 옆에 눈을 수놓을 위치를 잡는다. 큰 구멍이 아닌 곳으로 바늘을 찔러서 뺀다. 큰 구멍에 수놓을 경우 눈의 모양이 예쁘게 되지 않을 수 있다.

⑥ 윗부분은 아래에서 위로 일직선으로 2단보다 조금 작게 위치를 잡고 큰 구멍이 아닌 곳으로 바늘을 찔러 뺀다. 눈의 모양이 일직선으로 수놓아졌는지 확인한다.

7 왼쪽 눈도 과정 ⑤~⑥번과 같은 방법으로 수놓는다.

8 같은 위치에 겹쳐서 한 번 더 수놓는다.

9 화이트 실을 바늘에 꿰어 눈동자와 붙도록 흰자를 수놓는다. 사진처럼 돗바늘로 블랙 실을 살짝 들어주고 흰색 실을 잡아당긴다. 흰색과 검정색 남은 실은 매듭지어 인형 안쪽으로 넣고 마무리한다.

10 과정 ③에서 남겨 놓은 실을 바늘에 꿰어 입을 수놓는다. 코를 중심으로 대칭되도록 양 끝을 정하고 한쪽 끝으로 바늘을 뺀다. 보통 코의 1단 아래이다(도안 참고).

11 반대쪽 끝으로 바늘을 넣고 1단 아래 입의 가운데 부분을 찔러 나온다.

⑫ 입의 모양을 잡아주고 실이 아래쪽에 걸리도록 한 뒤 빼낸 곳으로 다시 바늘을 찌른다. 볼터치가 없는 인형의 경우 남은 실은 매듭지어 인형 안쪽으로 넣고 마무리한다. 볼터치가 있는 인형은 다음 과정을 이어서 한다.

⑬ 눈에서 반코 정도 떨어진 곳에 볼터치를 수놓는다. 1코보다 조금 작은 크기가 좋다.

⑭ 반대쪽도 같은 크기로 수놓는다. 남은 실은 매듭지어 인형 안쪽으로 넣고 마무리한다.

POINT

프렌치노트 스티치
바늘의 굵기에 따라 크기가 달라진다. 책에서는 자수용 바늘과 돗바늘을 따로 표기하였다.

① 수놓을 실 30cm 정도를 돗바늘(자수용 바늘)에 꿴다. 스티치를 놓을 곳으로 실을 뺀다. 너무 큰 구멍으로 뺄 경우 스티치가 인형 안쪽으로 들어갈 수 있으니 주의하자.

② 왼손으로 실을 잡고 오른손으로 바늘을 잡은 후 사진처럼 준비한다.

③ 도안에 표기된 횟수만큼 왼손으로 실을 바늘에 감는다. 3바퀴를 감은 모습이다.

④ 실과 바늘을 반대로 당겨 모양을 잡는다.

⑤ 모양을 유지하면서 왼손으로는 스티치를 잡고 오른손으로 실을 당긴다.

⑥ 스티치를 놓은 곳에 바짝 붙여 바늘을 넣어 다른 곳으로 빼고 남은 실은 매듭지어 인형 안쪽으로 넣어 마무리한다.

옷깃 꿰매 붙이기

① 남은 실 2가닥 중 짧은 실을 돗바늘에 꿰어 사진을 참고하여 얼굴과 몸통 중앙에 넣고 뒤쪽으로 뺀다.

② 옷깃을 목에 두르고 긴 실을 돗바늘에 꿰어 반대쪽 사슬코를 통과해 옷깃이 서로 붙도록 한다.

③ 뒤쪽 옷깃이 걸리도록 바늘을 빼고 1코 크기로 꿰맨다.

④ 앞쪽도 벌어지지 않도록 모양을 잡아 꿰매고 남은 실은 매듭지어 인형 안쪽으로 넣어 마무리한다.

와이어로 인형 세우기

① 돗바늘로 발의 중앙에 구멍을 넓힌다.

② 몸통의 시작 부분까지 와이어가 들어가도록 하고 남은 길이가 4~5cm 정도 되도록 U자 형태로 준비한다.

③ 와이어를 발의 중앙 부분에 4~5cm 정도 남기고 인형에 넣는다. 와이어가 한 번에 들어가지 않기 때문에 솜을 살살 찔러가며 천천히 넣는다.

④ 인형과 직각이 되도록 와이어를 접는다.

⑤ 균형을 잡아 인형을 세운다

게이지 내기

인형을 뜰 때 솜을 넣는 경우와 넣지 않는 경우가 있기 때문에 두 가지로 게이지를 낸다. 솜을 넣지 않을 때는 넣을 때에 비해 조금 힘을 빼고 뜨면 좋다.

◦ **사용한 실과 바늘:** 돌리코튼레이스, 레이스 코바늘 1.0mm

시작	실을 2번 감아 원형코 만들기
① (8)	0, (×) × 8, ·
② (16)	0, (⋎) × 8, ·
③ (24)	0, (×⋎) × 8, ·
④ (32)	0, (×⋎×) × 8, ·
⑤~⑩ (32)	0, (×) × 32, ·
⑪ (24)	0, (××⋀) × 8, ·
⑫ (16)	0, (×⋀) × 8, ·
⑬ (8)	0, (⋀) × 8, ·

◦ 실을 20cm 정도 남기고 자른다.
◦ 솜을 채운다.
◦ 남긴 실을 돗바늘에 꿴 후 바짝 잡아당겨 구멍을 조인다.

솜을 넣었을 때

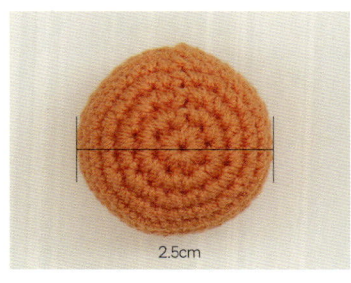

시작	사슬뜨기 10코로 시작해서 평면뜨기
①~⑨ (10)	0, (×) × 10

솜을 넣지 않았을 때

PART 2 인형 만들기의 기본

명작 동화 속 주인공 만들기

여러분도 좋아하는 동화의 즈인공이 한 명쯤은 있으시겠지요? 이번 파트에서는 동화 속 주인공을 콘셉트로 〈빨강 머리 앤〉, 〈빨간 모자〉, 〈호두까기 인형〉, 〈피노키오〉, 〈이상한 나라의 앨리스〉, 〈헨젤과 그레텔〉을 만들어볼게요. 귀여운 손뜨개 인형으로 변신한 동화 속 주인공들이 사랑스러운 모습으로 나타날 거예요.

주근깨에 빼빼 마른 소녀 앤은 어릴 적 향수를 일으키는 캐릭터예요. 여러 번 빨강 머리 앤을 작업했지만, 이번 책에서는 더 어린 소녀의 느낌을 주고 싶었어요. 예쁘지는 않지만 사랑스러운 앤과 영원한 단짝 다이애나를 만나보아요.

· READY ·

난이도	★★☆
사이즈	앤, 다이애나 13.5cm
준비물	**실(돌리코튼레이스)**

- 앤: 1번 화이트, 2번 아이보리, 3번 피치, 8번 옐로우, 18번 다홍, 29번 진블루, 43번 진베이지, 46번 브라운, 47번 초코브라운, 48번 레드브라운
- 다이애나: 1번 화이트, 2번 아이보리, 3번 피치, 9번 머스터드, 18번 다홍, 20번 레드, 30번 청록색, 32번 네이비, 53번 블랙

바늘 레이스 코바늘 1.0mm

기타 돗바늘, 자수용 바늘, 겸자, 마커, 가위, 방울솜, 1.0mm 두께 와이어, 미싱용 고무줄

뜨개 기법	빼뜨기, 사슬뜨기, 짧은뜨기, 짧은뜨기 2코 늘려뜨기, 짧은뜨기 2코 모아 변형이랑뜨기(줄이기), 짧은뜨기 안쪽무늬뜨기, 짧은뜨기 뒤이랑뜨기, 긴뜨기, 긴뜨기 2코 늘려뜨기, 긴뜨기 안쪽무늬뜨기, 한길긴뜨기, 앞걸어 빼뜨기
인형 만들기 기본	038~065p 참고

만드는 순서

빨강 머리 앤

1. 팔 2개와 다리 2개를 뜨고 팔에는 솜을 채운다.
2. 다리를 이은 후 치마를 뜬다.
3. 치마 윗부분에 실을 걸어 몸통의 9단까지 뜬다.
4. 몸통과 팔을 같이 뜨면서 잇는다.
5. 다리와 몸통에 솜을 채운다.
6. 얼굴의 4단까지 뜬다.
7. 팔에 와이어를 넣는다.
8. 이어서 얼굴을 뜬다.
9. 몸통과 얼굴에 솜을 채운다.
10. 머리카락을 떠서 꿰매 붙인다.
11. 앞머리카락을 떠서 꿰매 붙인다.
12. 귀를 떠서 꿰매 붙인다.
13. 땋은 머리카락을 떠서 꿰매 붙인다.
14. 얼굴에 수놓는다.
15. 옷깃을 떠서 꿰매 붙인다.
16. 가방과 모자를 뜬다.

다이애나

1. 팔 2개와 다리 2개를 뜨고 팔에는 솜을 채운다
2. 다리를 이은 후 치마를 뜬다.
3. 치마 윗부분에 실을 걸어 몸통의 9단까지 뜬다.
4. 몸통과 팔을 같이 뜨면서 잇는다.
5. 다리와 몸통에 솜을 채운다.
6. 얼굴의 4단까지 뜬다.
7. 팔에 와이어를 넣는다.
8. 이어서 얼굴을 뜬다.
9. 몸통과 얼굴에 솜을 채운다.
10. 머리카락을 떠서 꿰매 붙인다.
11. 앞머리카락을 떠서 꿰매 붙인다.
12. 귀를 떠서 꿰매 붙인다.
13. 묶은 머리카락을 떠서 꿰매 붙인다.
14. 리본을 떠서 꿰매 붙인다.
15. 얼굴에 수놓는다.
16. 옷깃을 떠서 꿰매 붙인다.
17. 앞치마를 뜬다.

도안

앤과 다이애나 팔(2개)

시작	실을 2번 감아 원형코 만들기
① (4)	0, (×) × 4, ·
② (8)	0, (✧) × 4, ·
③~⑰ (8)	0, (×) × 8, ·

- 실을 10cm 정도 남기고 자른다.
- 남긴 실을 첫코의 안쪽으로 빼내 매듭짓는다.
- 솜을 채운다.

 Color
① ~ ③ 3번 피치
앤 ④ ~ ⑰ 43번 진베이지
다이애나 ④ ~ ⑰ 9번 머스터드

앤과 다이애나 다리

시작	실을 2번 감아 원형코 만들기	
	다리 A	다리 B
① (6)	0, (×) × 6, ·	0, (×) × 6, ·
② (12)	0, (✧) × 6, ·	0, (✧) × 6, ·
③~⑳ (12)	0, (×) × 12, ·	0, (×) × 12, ·
㉑ (28)	○, ·, 0, (×) × 13, ×, (×) × 13, ×, ·	
㉒ (32)	0, (×××✧×××) × 4, ·	
㉓~㉛ (32)	0, (×) × 32, ·	

 Color **앤**
① ~ ⑥ 46번 브라운
⑦ ~ ㉒ 3번 피치
㉓ ~ ㉚ 2번 아이보리
㉛ 43번 진베이지
다이애나
① ~ ⑥ 30번 청록색
⑦ ~ ㉒ 3번 피치
㉓ ~ ㉚ 2번 아이보리
㉛ 9번 머스터드

- ⑳단까지 다리 A와 B를 각각 뜬다.
 이때, 다리 A는 실을 10cm 정도 남기고 잘라 첫코의 안쪽으로 빼내 매듭짓는다.
 다리 B는 실을 자르지 않고 둔다.
- 마지막 단까지 뜨고 편물을 돌려 치마를 뜬다.

다리 연결하기(㉑)

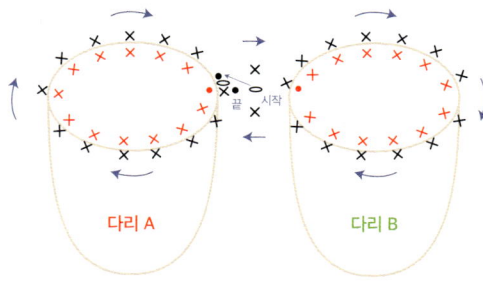

1. 다리 A와 B를 뜬 후 A는 실을 잘라서 준비하고, B는 실타래에 연결해 놓는다.
2. ㉑단은 ⑳단을 뜬 B를 A로 연결하는 사슬뜨기 1코를 뜨고 A의 마지막 빼뜨기한 코에 빼뜨기로 연결한다.
3. 기둥코(사슬뜨기 1코)를 세우고 빼뜨기와 기둥코를 세운 자리에 짧은뜨기 1코를 뜬 후 짧은뜨기 12코를 뜬다.
4. 다리 B와 A를 연결한 사슬뜨기에 짧은뜨기 1코를 뜬 후 다리 B의 ⑳단의 첫코부터 짧은뜨기 12코를 뜬 후 ⑳단 빼뜨기한 자리에 짧은뜨기 1코를 뜬다.
5. 다리 B와 A를 연결한 사슬뜨기에 짧은뜨기 1코를 뜬 후 A의 첫코에 다시 빼뜨기한 후 ㉑단을 마무리한다.

앤과 다이애나 치마

시작 　다리를 이은 인형을 돌려 다지막 코를 첫코로 두고 뜬다

① (48) 　0, (⊻⊻) × 16, ·
② (64) 　0, (×⊻×) × 16, ·
③ (68) 　0, (××××××⁵×××××××⊻) × 4, ·
④ (70) 　0, (×) × 33, ⊻, (×) × 33, ⊻, ·
⑤~⑭ (70) 　0, (×) × 70, ·
⑮ (72) 　0, (×××××××××¹⁷⊻××××××××××××¹⁷×××××××) × 2, ·
⑯ (72) 　0, (×) × 72, ·
⑰ (74) 　0, (×) × 35, ⊻, (×) × 35, ⊻, ·
⑱ (74) 　0, (×) × 74, ·

◦ 실을 10cm 정도 남기고 잘라 돗바늘로 정리한다.
◦ 마지막 단까지 뜬 후 ①단의 남은 반코에 실을 걸어서 몸통을 뜬다.

앤과 다이애나 몸통

시작 　치마의 첫코에 실을 걸어서 뜬다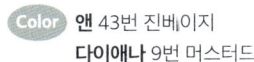

①~⑤ (32) 　0, (×) × 32, ·
⑥ (28) 　0, (×××🔺×××) × 4, ·
⑦ (28) 　0, (×) × 28, ·
⑧ (24) 　0, (××⁵×××🔺) × 4, ·
⑨ (20) 　0, (××🔺××) × 4, ·
⑩ (20) 　0, (×) × 5, (×) × 3, (×) × 6, (×) × 3, (×) × 3, ·
⑪ (15) 　0, (××🔺) × 5, ·

◦ ⑩단의 ___ 부분을 팔과 함께 뜬다.
◦ 다리와 몸통에 솜을 채운다.
◦ 마지막 단까지 뜬 후 얼굴을 이어서 뜬다.

앤과 다이애나 얼굴

시작	몸통에 이어서 뜬다	Color 3번 피치

① (30)   0, (∨) × 15, ·
② (45)   0, (×∨) × 15, ·
③ (53)   0, (×) × 15, ∨,(××∨) × 7, (×) × 8, ·
④~⑨ (53)   0, (×) × 53, ·
⑩ (49)   0, (×) × 20, ∧,∧,(×) × 12, ∧,∧,(×) × 13, ·
⑪~⑲ (49)   0, (×) × 49, ·
⑳ (42)   0, (××ˆ5××∧) × 7, ·
㉑ (36)   0, (××ˆ5××∧) × 6, ·
㉒ (30)   0, (×××∧) × 6, ·
㉓ (24)   0, (××∧) × 6, ·
㉔ (18)   0, (××∧) × 6, ·
㉕ (12)   0, (×∧) × 6, ·
㉖ (8)   0, (×∧) × 4, ·

- 4단까지 뜨고 팔에 와이어를 넣는다.
- 마지막 단까지 뜬 후 실을 30cm 정도 남기고 자른다.
- 몸통과 얼굴에 솜을 채운다.
- 남긴 실을 돗바늘에 꿴 후 바짝 잡아당겨 구멍을 조인다. 045p 참고

앤과 다이애나 머리카락

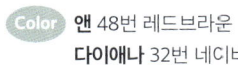
Color 앤 48번 레드브라운
다이애나 32번 네이비

시작	실을 2번 감아 원형코 만들기
① (8)	0, (×) × 8, ·
② (16)	0, (V) × 8, ·
③ (24)	0, (×V) × 8, ·
④ (32)	0, (×V×) × 8, ·
⑤ (40)	0, (××× V) × 8, ·
⑥ (45)	0, (×××V×××) × 5, ·
⑦ (50)	0, (××××V××××) × 5, ·
⑧ (52)	0, (××××××××××××V××××××××××××) × 2, ·
⑨ (54)	0, (×) × 25, V, (×) × 25, V, ·
⑩~⑱ (54)	0, (×) × 54, ·
⑲ (50)	0, (×) × 50
⑳ (50)	0, (⊗) × 50
㉑ (50)	0, (×) × 50
㉒ (50)	0, (⊗) × 50
㉓ (50)	0, (×) × 50

◦ ⑲단을 뜨고 편물을 돌린다(평면뜨기).
◦ ⑳단과 ㉒단은 짧은뜨기 안쪽무늬뜨기로 뜬다.
◦ 마지막 단까지 뜬 후 실을 100cm 정도 남기고 자른다.
◦ 남긴 실을 돗바늘에 꿴 후 얼굴에 꿰매 붙인다.

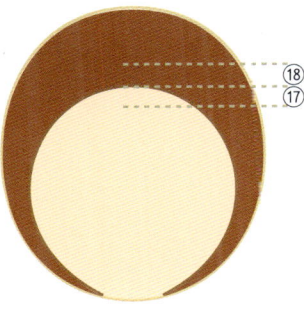

앤과 다이애나 머리카락 꿰매는 위치

앤과 다이애나 앞머리카락

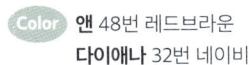

Color 앤 48번 레드브라운
다이애나 32번 네이비

◦ 시작할 때 실을 10cm 정도 남기고 뜬다.
  다 뜬 후 실을 50cm 정도 남기고 자른다.
◦ 남긴 실을 돗바늘에 꿴 후 머리카락과 얼굴 사이에 꿰매 붙인다.

앤과 다이애나 귀(2개)

시작	실을 2번 감아 원형코 만들기
① (4)	0, (×) × 4

Color 3번 피치

◦ 시작할 때 실을 10cm 정도 남기고 뜬다.
  다 뜬 후 실을 30cm 정도 남기고 자른다.
◦ 남긴 실을 돗바늘에 꿴 후 인형에 꿰매 붙인다.

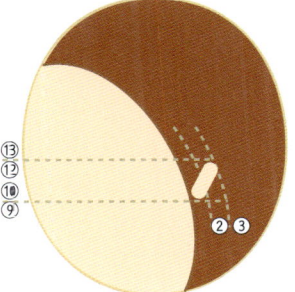

앤과 다이애나 귀 꿰매는 위치

앤 땋은 머리카락(2개)

- 레드브라운 실을 30cm 길이로 16가닥 만든다.
- 반을 접어 아래에 연결된 실을 잘라내고 3등분하여 땋는다.
- 다홍 실로 사슬뜨기 40코를 떠서 끈을 만들어 묶는다.
- 돗바늘로 인형에 꿰매 붙인다.

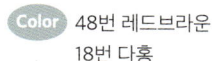 48번 레드브라운
18번 다홍

× 앤 땋은 머리카락 만드는 방법 ×

1. 30cm 정도 길이로 16가닥을 실뭉치로 만든다.

2. 30cm 정도 길이로 실을 잘라 실뭉치의 중간을 묶는다.

3. 실뭉치의 끝부분을 잘라 연결되어 있는 실이 없도록 한다.

4. 실뭉치를 3등분으로 나누어 6번 땋는다.

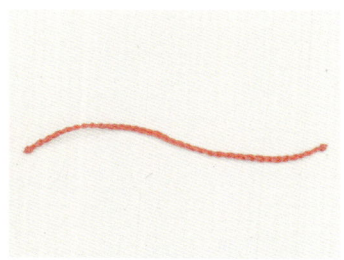

5. 다홍 실로 사슬뜨기 40코를 뜬 후 양 끝을 매듭지어 끈을 만든다.

6. 땋은 부분이 보이도록 두고 만든 끈으로 묶는다. 과정 ①~⑥번을 반복하여 머리카락 2개를 만든다.

7. 머리카락 끝을 자른다.

8. ②의 실뭉치를 묶었던 실 2가닥을 각각 돗바늘에 꿰어 도안을 참고하여 끝부분을 꿰매 붙인다. 2단 정도 내려온 위치에도 꿰매 달랑거리지 않게 한다.

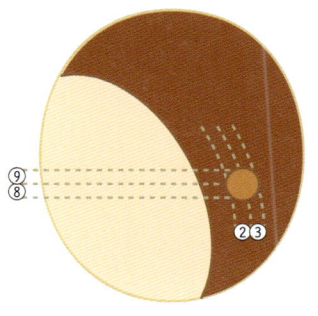  

땋은 머리카락 꿰매는 위치

다이애나 묶은 머리카락(2개)

시작	사슬뜨기 9코로 원형코 만들기
①~⑭ (9)	0, (×) × 9, ·

Color 32번 네이비

◦ 실을 30cm 정도 남기고 자른다.
◦ 첫단과 끝단이 붙도록 접어 돗바늘로 인형에 꿰매 붙인다.

다이애나 리본(2개)

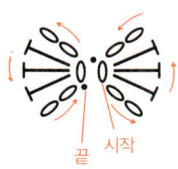

Color 20번 레드

◦ 실을 30cm 정도 남기고 자른다.
◦ 묶은 머리카락 위쪽에 붙도록 돗바늘로 꿰매 붙인다.

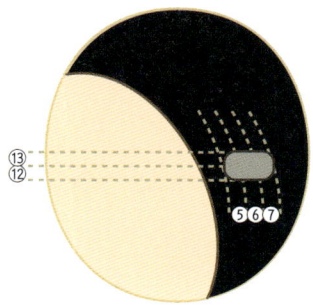  

묶은 머리카락 꿰매는 위치

앤 얼굴 수놓기

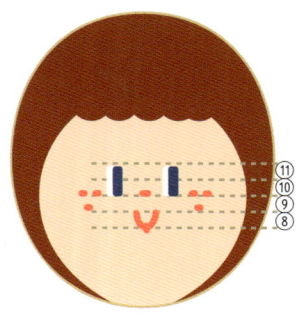

- **사용 바늘**: 자수용 바늘
- **수놓는 실 컬러**:
  눈-1번 화이트, 29번 진블루
  코, 입, 주근깨-18번 다홍
- **기법**:
  코-프렌치노트 스티치 2번 감아 수놓기 *063p*

다이애나 얼굴 수놓기

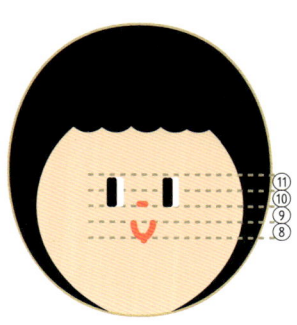

- **사용 바늘**: 자수용 바늘
- **수놓는 실 컬러**:
  눈-1번 화이트, 53번 블랙
  코, 입-18번 다홍
- **기법**:
  코-프렌치노트 스티치 2번 감아 수놓기

앤과 다이애나 옷깃

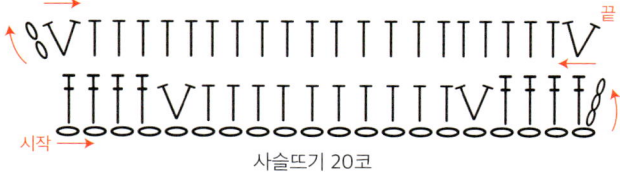

사슬뜨기 20코

 1번 화이트

- 시작할 때 실을 10cm 정도 남기고 시작한다.
  다 뜬 후 실을 50cm 정도 남기고 자른다.
- 남긴 실을 돗바늘에 꿴 후 실을 숨기면서 사슬뜨기한 곳으로 옮긴다.
- 인형의 목에 꿰매 붙인다.

앤 가방

시작 사슬 20코로 시작해서 타원형 뜨기

① (42)
② (46)
③ (54)

④~⑰ (54)   0, (×) × 54, ·

- 양쪽을 같은 크기로 접고 16코가 되도록 만든다.
- 가방의 반 정도만 솜을 채운다.
- 오른쪽 끝 코머리에 실을 걸어 기둥코를 세우고 짧은뜨기를 16코 뜬다.
- 실을 8번 옐로우 실로 바꾸고 1단 더 16코를 뜬다.
- 실을 10cm 정도 남기고 자른 후 매듭을 안쪽으로 넣고 마무리한다.

Color 47번 초코브라운
8번 옐로우

가방 끈(2개)

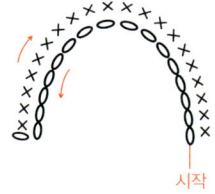
사슬뜨기 16코 시작

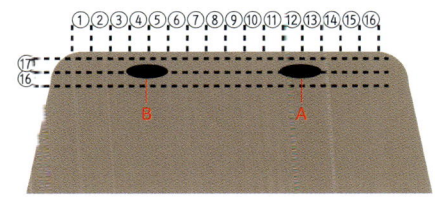
가방 끈 위치

Color 47번 초코브라운

- 도안의 A에 실을 걸어 사슬뜨기 16코를 뜬다.
- B는 빼뜨기로 연결하고 편물을 돌린다.
- 기둥코를 세우고 사슬뜨기한 곳의 전체에 실을 감아 짧은뜨기 20코를 뜬다.
- 실을 30cm 정도 남기고 자른 후 돗바늘로 가방에 꿰매 붙이고 매듭을 안쪽으로 넣어 마무리한다.

✕ 가방 만드는 방법 ✕

1. 가장자리 양 끝을 안쪽으로 접어 넣어 16코가 되도록 만들고 솜을 채운다. 이때 사진처럼 시침핀으로 4코를 접은 부분과 함께 뜬다.

2. 오른쪽 끝의 코머리에 실을 걸어 기둥코를 세운다.

3. 4코는 접어서 겹쳐진 부분과 함께 뜬다.

4. 이어서 8코를 뜬다.

5. 남은 4코도 접어서 겹쳐진 부분과 함께 뜬다.

6. 편물을 돌려 기둥코를 세우고 옐로우 실로 교체해서 1단 더 뜬다.

✽ 가방 끈 뜨는 방법 ✽

1. 도안을 참고해서 끈을 뜰 위치를 잡는다.

2. 도안 A의 위치 위로 1단 통과해서 바늘이 걸리도록 한 뒤 실을 걸어 사슬뜨기 16코를 뜬다.

3. 도안 B의 위치에 빼뜨기로 연결한다.

4. 견물을 돌린다.

5. 사슬뜨기를 한 곳의 전체에 실을 감아 짧은뜨기 20코를 뜨고 실을 30cm 남기고 자른다.

6. 남긴 실을 돗바늘에 꿰어 가방과 연결된 부분을 2~3번 꿰매 가방에 잘 붙도록 하고 매듭을 안쪽으로 넣어 마무리한다.

앤 모자

Color 47번 초코브라운

시작	실을 2번 감아 원형코 만들기
① (8)	0, (×) × 8, ·
② (16)	0, (ᐯ) × 8, ·
③ (24)	0, (× ᐯ) × 8, ·
④ (32)	0, (× ᐯ ×) × 8, ·
⑤ (40)	0, (××× ᐯ) × 8, ·
⑥ (48)	0, (×× ᐯ ××) × 8, ·
⑦~⑪ (48)	0, (⊠) × 48, ·
⑫ (72)	0, (⊠ ᐯ) × 24, ·
⑬ (78)	0, (××××× ×̇¹¹ ××××ᐯ) × 6, ·
⑭ (78)	(ʃ) × 78

° 실을 10cm 정도 남기고 잘라 돗바늘로 정리한다.
° 미싱용 고무줄을 얼굴 크기에 맞게 단다.

모자 리본

(○) × 80

Color 1번 화이트

° 양 끝을 매듭지어 마무리하고 모자에 둘러 리본 모양으로 묶는다.

✕ 모자에 고무줄 연결하는 방법 ✕

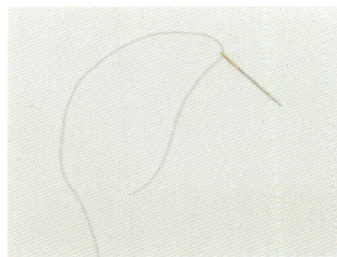

1. 미싱용 고무줄 20cm 정도를 잘라 돗바늘에 꿴다.

2. 모자의 안쪽 면에 모자와 머리가 붙는 위치에 1코 정도의 크기로 돗바늘을 통과해서 고무줄을 뺀다.

3. 겉면에서는 고무줄이 보이지 않도록 한다.

4. 고무줄을 매듭짓기 편한 길이만큼 모자 안쪽으로 빼내 매듭을 굵게 짓는다. 당겼을 때 빠져나오지 않도록 한다.

5. 짧게 자른다.

6. 대칭되는 곳에 1코 크기로 돗바늘을 통과해서 고무줄을 뺀다.

7. 인형에 씌워 고무줄을 살짝 당겨서 씌워질 정도로 길이를 정한다.

8. 매듭을 굵게 짓고 짧게 자른다.

✕ 리본 예쁘게 묶는 방법 ✕

1. 양손으로 끈을 잡고 오른쪽이 위로, 왼쪽이 아래로 가도록 교차하고 아래의 실을 윗실에 감아 넣어 묶는다.

2. 묶은 상태에서 오른쪽 실을 접어서 사진처럼 만든다.

3. 왼쪽 실 아래로 오른쪽 실을 놓는다.

4. 왼쪽 실과 묶은 곳 사이의 구멍으로 오른쪽 실을 접어 리본 모양으로 만들어 뺀다.

5. 양쪽을 잡아당겨 리본 모양을 잡는다.

다이애나 앞치마

| 시작 | 사슬뜨기 10코로 시작해서 평면뜨기 | Color 1번 화이트 |

① (14) &, V, (T T V) × 3,
② (18) &, V, (T) × 3, V, (T) × 4, V, (T) × 3, V
③ (20) &, V, (T) × 16, V
④ (20) &, (T) × 20
⑤ (24) &, V, (T) × 5, V, (T) × 6, V, (T) × 5, V
⑥ (24) &, (T) × 24
⑦ (24) &, (T) × 24

◦ 마지막 단까지 뜨고 밑단을 이어서 뜬다.

앞치마 밑단

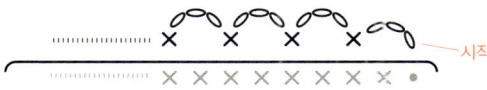 

◦ ⑦단에 이어서 밑단을 뜬다.
◦ 실을 10cm 정도 남기고 잘라 돗바늘로 정리한다.

앞치마 끈 (늑대 케이프 끈 뜨는 방법 113p 참고)

1. 사슬뜨기 30코를 뜬다.
2. 앞치마의 사슬뜨기한 부분에 짧은뜨기로 10코를 뜬다.
3. 사슬뜨기 30코를 뜬다.
4. 양 끝에 매듭지어 자르고 마무리한다.

빨간 모자

언제나 빨간 모자를 쓰고 있어 '빨간 도자'라 불리는 소녀는 아픈 할머니를 만나러 가는 길에 늑대를 마주하죠! 착한 늑대와 친구가 되었으면 하는 바람을 담아봅니다. 할머니가 아닌 늑대에게는 귀여운 의상을, 소녀에게는 예쁜 망토를 만들어 입혔어요!

• READY •

| 난이도 | ★★☆ |

| 사이즈 | 빨간 모자 12.5cm 늑대 14.5cm |

준비물

실(돌리코튼레이스)
- 빨간 모자: 1번 화이트, 3번 피치, 4번 연베이지, 8번 옐로우, 10번 피넛, 18번 다홍, 20번 레드, 21번 빈티지핑크, 27번 민트그레이, 31번 네이비블루, 40번 그린, 53번 블랙
- 늑대: 1번 화이트, 4번 연베이지, 52번 다크그레이, 53번 블랙

바늘 레이스 코바늘 1.0mm

기타 돗바늘, 자수용 바늘, 겸자, 마커, 가위, 방울솜, 1.0mm 두께 와이어, 고무줄

| 뜨개 기법 | 빼뜨기, 사슬뜨기, 짧은뜨기, 짧은뜨기 2코 늘려뜨기, 짧은뜨기 3코 늘려뜨기, 짧은뜨기 2코 모아뜨기, 짧은뜨기 2코 모아 변형이랑뜨기(줄이기), 짧은뜨기 안쪽무늬뜨기, 짧은뜨기 뒤이랑뜨기, 긴뜨기, 긴뜨기 2코 늘려뜨기, 긴뜨기 단쪽무늬뜨기, 한길긴뜨기 3코 늘려뜨기 |

| 인형 만들기 기본 | 038~065p 참고 |

만드는 순서

빨간 모자

1. 팔 2개와 다리 2개를 뜨고 팔에는 솜을 채운다.
2. 다리를 이은 후 치마를 뜬다.
3. 치마 윗부분에 실을 걸어 몸통의 8단까지 뜬다.
4. 몸통과 팔을 같이 뜨면서 잇는다.
5. 다리와 몸통에 솜을 채운다.
6. 얼굴의 4단까지 뜬다.
7. 팔에 와이어를 넣는다.
8. 이어서 얼굴을 뜬다.
9. 몸통과 얼굴에 솜을 채운다.
10. 머리카락을 떠서 꿰매 붙인다.
11. 앞머리카락을 떠서 꿰매 붙인다.
12. 묶은 머리카락을 떠서 솜을 넣고 꿰매 붙인다.
13. 얼굴에 수놓는다.
14. 옷깃을 떠서 꿰매 붙인다.
15. 앞치마를 떠서 입힌다.
16. 망토를 뜨고 끈을 만들어 펜다.
17. 사과와 바구니를 뜬다.

늑대

1. 팔 2개와 다리 2개를 뜨고 팔에는 솜을 채운다.
2. 다리를 이은 후 몸통의 4단까지 뜬다.
3. 몸통과 팔을 같이 뜨면서 잇는다.
4. 다리와 몸통에 솜을 채운다.
5. 얼굴의 4단까지 뜬다.
6. 팔에 와이어를 넣는다.
7. 이어서 얼굴을 뜬다.
8. 몸통과 얼굴에 솜을 채운다.
9. 코와 귀를 뜬다.
10. 코를 꿰매 붙인다.
11. 귀를 꿰매 붙인다.
12. 얼굴에 수놓는다.
13. 이빨과 손톱, 발톱을 수놓는다.
14. 잠옷을 뜬다.
15. 모자를 뜬다.
16. 케이프를 뜬다.
17. 속바지를 뜨고 고무줄을 펜다.

도안

빨간 모자 팔(2개)

시작	실을 2번 감아 원형코 만들기
①~⑮ (8)	0, (×) × 8, ·

Color ①~③ 3번 피치
④~⑤ 31번 네이비블루

- 실을 10cm 정도 남기고 자른다.
- 남긴 실을 첫코의 안쪽으로 빼내 매듭짓는다.
- 솜을 채운다.

빨간 모자 다리

시작	실을 2번 감아 원형코 만들기	
	다리 A	다리 B
①~⑯ (9)	0, (×) × 9, ·	0, (×) × 9, ·
⑰ (30)	·, 0, (××͜)× 5,	(××͜)× 5,
⑱~㉘ (30)	0, (×) × 30, ·	

Color ①~⑥ 10번 피넛
⑦~㉗ 27번 민트그레이
㉘ 21번 빈티지핑크

- ⑯단까지 다리 A와 B를 각각 뜬다.
  이때, 다리 A는 실을 10cm 정도 남기고 잘라 첫코의 안쪽으로 빼내 매듭짓는다.
  다리 B는 실을 자르지 않고 둔다.
- 마지막 단까지 뜨고 편물을 돌려 치마를 뜬다.

다리 연결하기(⑰단)

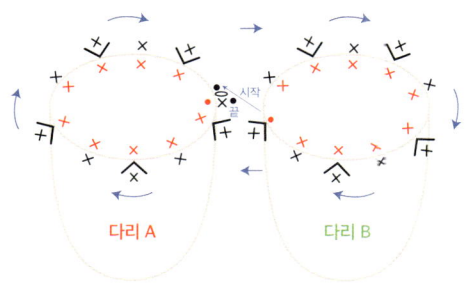

1. 다리 A와 B를 뜬 후 A는 실을 잘라서 준비하고, B는 실타래에 연결해 놓는다.
2. ⑰단은 ⑯단을 뜬 B를 A의 마지막 빼뜨기한 코에 빼뜨기로 연결한다.
3. 기둥코(사슬뜨기 1코)를 세우고 빼뜨기와 기둥코를 세운 자리에 짧은뜨기 1코를 뜬 후 다음 코에 짧은뜨기 2코 늘려뜨기를 한다. 반복해서 4번을 더 뜬다.
4. 다리 B의 ⑯단의 첫코에 짧은뜨기 1코를 뜬 후 다음 코에 짧은뜨기 2코 늘려뜨기를 한다. ⑯단 빼뜨기한 자리를 포함해서 4컨 더 반복해서 뜬다.
5. 다리 A의 첫코에 다시 빼뜨기한 후 ⑰단을 마무리한다.

빨간 모자 치마

시작　다리를 이은 인형을 돌려 마지막 코를 첫코로 두고 뜬다　　　Color 21번 빈티지핑크

① (60)　0, (⋎) × 30, •
② (63)　0, (××××××××ⁱ⁹⋎××××××××××⋏) × 3, •
③~⑪ (63)　0, (×) × 63, •
⑫ (66)　0, (××××¹⁰⋎××××⋏××××¹⁰××××⋏) × 3, •
⑬~⑮ (66)　0, (×) × 66, •

• 이어서 치맛단을 뜬다.

치맛단

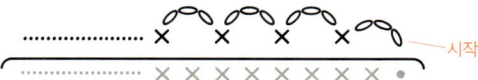

• ⑮단에 이어서 치맛단을 뜬다.
• 실을 10cm 정도 남기고 잘라 돗바늘로 정리한다.
• 인형을 바로 놓고 ①단의 남은 반코에 실을 걸어서 몸통을 뜬다.

빨간 모자 몸통

시작　치마의 첫코에 실을 걸어서 뜬다　　　Color 31번 네이비블루

①~⑥ (30)　0, (×) × 30, •
⑦ (27)　0, (××××⋏××××) × 3, •
⑧ (24)　0, (×××⁷×⋏×××) × 3, •
⑨ (24)　0, (×) × 6, <u>(×) × 4</u>, (×) × 8, <u>(×) × 4</u>, (×) × 2, •
⑩ (21)　0, (×××⋏×××) × 3, •
⑪ (14)　0, (×⋏) × 7, •

• ⑨단의 ___ 부분을 팔과 함께 뜬다.
• 다리와 몸통에 솜을 채운다.
• 마지막 단까지 뜬 후 얼굴을 이어서 뜬다.

빨간 모자 얼굴

시작	몸통에 이어서 뜬다	 3번 피치

① (42)　0, (ᗄ) × 14, ·
②~⑯ (42)　0, (×) × 42, ·
⑰ (40)　0, (×) × 19, ⋀, (×) × 19, ⋀, ·
⑱ (32)　0, (×××⋀) × 8, ·
⑲ (24)　0, (××⋀) × 8, ·
⑳ (16)　0, (×⋀) × 8, ·
㉑ (8)　0, (⋀) × 8, ·

◦ ④단까지 뜨고 팔에 와이어를 넣는다.
◦ 마지막 단까지 뜬 후 실을 30cm 정도 남기고 자른다.
◦ 몸통과 얼굴에 솜을 채운다.
◦ 남긴 실을 돗바늘에 꿴 후 바짝 잡아당겨 구멍을 조인다.

빨간 모자 머리카락

시작	실을 2번 감아 원형코 만들기	Color 8번 옐로우

① (8)　0, (×) × 8, ·
② (16)　0, (ᗄ) × 8, ·
③ (24)　0, (×ᗄ) × 8, ·
④ (32)　0, (×ᗄ×) × 8, ·
⑤ (40)　0, (××ᗄ) × 8, ·
⑥ (48)　0, (××ᗄ××) × 8, ·
⑦ (50)　0, (×) × 23, ᗄ, (×) × 23, ᗄ, ·
⑧~⑯ (50)　0, (×) × 50, ·
⑰ (44)　0, (×) × 44
⑱ (44)　0, (⊗) × 44
⑲ (44)　0, (×) × 44

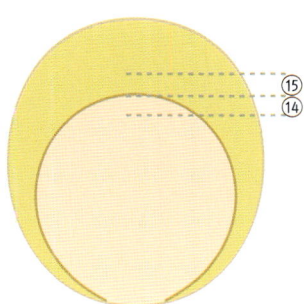

머리카락 꿰매는 위치

◦ ⑰단까지 뜨고 편물을 돌린다(평면뜨기).
◦ ⑱단은 짧은뜨기 안쪽무늬뜨기로 뜬다.
◦ 마지막 단까지 뜬 후 실을 100cm 정도 남기고 자른다.
◦ 남긴 실을 돗바늘에 꿴 후 얼굴에 꿰매 붙인다.

앞머리카락

- 시작할 때 실을 10cm 정도 남기고 뜬다. 다 뜬 후 실을 50cm 정도 남기고 자른다.
- 남긴 실을 돗바늘에 꿴 후 머리카락과 얼굴 사이에 꿰매 붙인다.

Color 8번 옐로우

묶은 머리카락(2개)

| 시작 | 실을 2번 감아 원형코 만들기 | **Color** 8번 옐로우 |

① ~ ② (4) 0, (×) × 4, ·
③ (6) 0, (×⌣) × 2, ·
④ ~ ⑥ (6) 0, (×) × 6, ·

- 솜을 채우고 구멍을 조인다.
- 20번 레드 실을 돗바늘에 꿰어 ②단과 ③단 사이에 수놓아 머리카락을 묶은 것처럼 표현한다.
- 인형에 꿰매 붙인다.

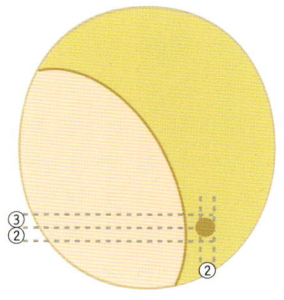

묶은 머리카락 꿰매는 위치

✕ 묶은 머리카락 꿰매는 방법 ✕

1. 사진처럼 바늘을 통과해서 인형에 꿰매 붙인다.
2. 3~4번 정도 반복해서 꿰매 붙인다.

빨간 모자 얼굴 수놓기

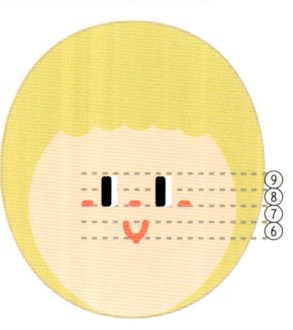

- **사용 바늘**: 자수용 바늘
- **수놓는 실 컬러**:
  눈-1번 화이트, 53번 블랙
  코, 입, 볼터치-18번 다홍
- **기법**:
  코-프렌치노트 스티치 2번 감아 수놓기 *063p*

빨간 모자 옷깃

사슬뜨기 22코

 1번 화이트

- 시작할 때 실을 10cm 정도 남기고 뜬다. 다 뜬 후 실을 50cm 정도 남기고 자른다.
- 남긴 실을 돗바늘에 꿴 후 인형의 목에 꿰매 붙인다.

빨간 모자 앞치마

시작	사슬뜨기 10코로 시작해서 평면뜨기
① (13)	8, V, (T) × 4, V, (T) × 3, V
② (13)	8, (T) × 13
③ (15)	8, V, (T) × 11, V
④ (15)	8, (T) × 15
⑤ (17)	8, V, (T) × 13, V
⑥~⑦ (17)	8, (T) × 17

Color 1번 화이트

- 마지막 단까지 뜨고 밑단을 이어서 뜬다.

앞치마 밑단

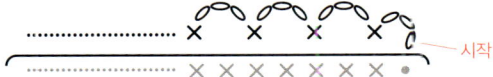

Color 1번 화이트

- ⑦단에 이어서 밑단을 뜬다.
- 실을 10cm 정도 남기고 잘라 돗바늘로 정리한다.

앞치마 끈 (늑대 케이프 끈 뜨는 방법 113p 참고)

1. 사슬뜨기 30코를 뜬다.
2. 앞치마의 사슬뜨기한 부분에 짧은뜨기로 10코를 뜬다.
3. 사슬뜨기 30코를 뜬다.
4. 양 끝에 매듭지어 자르고 돗바늘로 정리한다.

 1번 화이트

빨간 모자 망토

시작	사슬뜨기 26코로 시작해서 평면뜨기
① (26)	0, (×) × 26
② (26)	0, (⊗) × 26

Color 20번 레드

- ①, ②단을 반복해서 ㉛단까지 뜬다.
- 실을 10cm 정도 남기고 잘라 돗바늘로 정리한다.
- 사슬뜨기한 부분에 실을 걸어 짧은뜨기를 26코 뜬다.
- 겉면이 마주보도록 반을 접어 짧은뜨기로 이어준다.
- 실을 10cm 정도 남기고 잘라 돗바늘로 정리한다.

망토 끈

(○) × 80

 Color 20번 레드

- 시작할 때 실을 10cm 정도 남기고 뜬다.
  다 뜬 후 실을 10cm 정도 남기고 자른다.
- 돗바늘을 이용해 망토에 끼운다.
- 양 끝을 매듭지어 자르고 마무리한다.

× 망토 만드는 방법 ×

1. ㉛단까지 편물이 늘어나거나 줄어들지 않도록 힘 조절을 하면서 뜬다.

2. 사슬뜨기한 부분에 실을 걸어 짧은뜨기를 26코 뜬다.

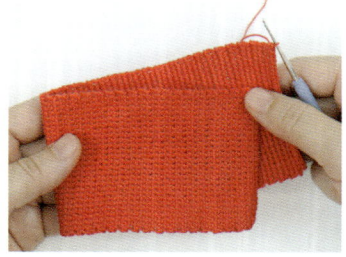

3. 겉무늬끼리 마주보도록 반을 접는다.

4. 사진에 표시된 부분이 붙도록 짧은뜨기로 이어준다.

5. 빼뜨기로 연결하고 기둥코(사슬뜨기 1코)를 세우고 짧은뜨기를 1단에 1코씩 뜬다.

6. 마지막 단까지 뜬 후 실을 10cm 정도 남기고 잘라 돗바늘로 정리한다.

7. 겉무늬가 밖으로 오도록 뒤집는다.

✕ 끈 끼우는 방법 ✕

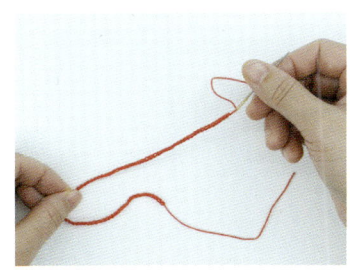 

1. 양 끝을 매듭짓지 않고 한쪽 실을 돗바늘에 끼운다.

2. ⑳~㉑단 사이에 돗바늘을 바깥에서 안쪽으로 넣는다. 끝 쪽 1코를 건너뛰고 시작한다.

3. 안쪽과 바깥쪽은 2코씩 건너뛰면서 통과해서 끈을 끼운다.

4. 시작할 때와 마찬가지로 끝 쪽도 1코를 남기고 빠져 나온다.

5. 양 끝을 매듭짓고 짧게 잘라 마무리한다.

6. 묶은 머리카락이 끈 위쪽으로 올라가도록 망토를 입히고 리본을 묶는다.
   앤 리본 예쁘게 묶는 방법 086p 참고

바구니

시작	실을 2번 감아 원형코 만들기
① (8)	0, (×) × 8, ·
② (16)	0, (⋎) × 8, ·
③ (24)	0, (×⋎) × 8, ·
④ (32)	0, (×⋎×) × 8, ·
⑤ (32)	0, (⋍) × 32, ·
⑥ (36)	0, (××××⋎×××) × 4, ·
⑦ (36)	0, (×) × 36, ·
⑧ (40)	0, (××××⋎××××) × 4, ·
⑨~⑪ (40)	0, (×) × 40, ·

· 이어서 끈을 뜬다.

Color 4번 연베이지

바구니 끈

(○) × 22

Color 4번 연베이지

· 실을 15cm 정도 남기고 자른다.
· 맞은편에 돗바늘로 꿰매 붙인다.
· 남은 실을 돗바늘로 정리한다.

✕ 바구니 끈 만드는 방법 ✕

1. 바구니를 마지막 단까지 뜬 후 이어서 사슬뜨기 22코를 뜬다.

2. 끈이 중앙에 가도록 바구니를 접고 맞은편 코머리 안쪽으로 바늘을 넣는다.

3. 사슬뜨기 사이를 통과해서 안쪽에서 바깥쪽으로 바늘을 뺀다. 몇 번 더 꿰매 고정하고 남은 실은 바구니 안쪽으로 숨겨 정리한다.

사과

시작	실을 2번 감아 원형코 만들기
① (7)	0, (×) × 7, ·
② (14)	0, (♥) × 7, ·
③~⑥ (14)	0, (×) × 14, ·
⑦ (7)	0, (︿) × 7, ·

Color 20번 레드

- 실을 20cm 정도 남기고 자른다.
- 솜을 채운다.
- 남긴 실을 돗바늘에 꿴 후 바짝 잡아당겨 구멍을 조인다.

사과 잎사귀

Color 40번 그린

- 시작할 때 실을 10cm 정도 남기고 뜬다.
  다 뜬 후 실을 15cm 정도 남기고 자른다.
- 남긴 실을 돗바늘에 꿴 후 사과 중앙에 꿰매 붙인다.

늑대 팔(2개)

시작	실을 2번 감아 원형코 만들기
① (6)	0, (×) × 6, ·
② (12)	0, (♥) × 6, ·
③~⑱ (12)	0, (×) × 12, ·

Color 52번 다크그레이

- 실을 10cm 정도 남기고 자른다.
- 남긴 실을 첫코의 안쪽으로 빼내 매듭짓는다.
- 솜을 채운다.

늑대 다리

시작	실을 2번 감아 원형코 만들기	
	다리 A	다리 B
① (6)	0, (×)×6, ·	0, (×)×6, ·
② (12)	0, (⋎)×6, ·	0, (⋎)×6, ·
③ (18)	0, (×⋎)×6, ·	0, (×⋎)×6, ·
④~⑲ (18)	0, (×)×18, ·	0, (×)×18, ·
⑳ (40)	○, ·, 0, (×)×19, ×, (×)×19, ×, ·	
㉑~㊱ (40)	0, (×)×40, ·	

Color 52번 다크그레이

- ⑲단까지 다리 A와 B를 각각 뜬다.
  이때, 다리 A는 실을 10cm 정도 남기고 잘라 첫코의 안쪽으로 빼내 매듭짓는다.
  다리 B는 실을 자르지 않고 둔다.

다리 연결하기(⑳단)

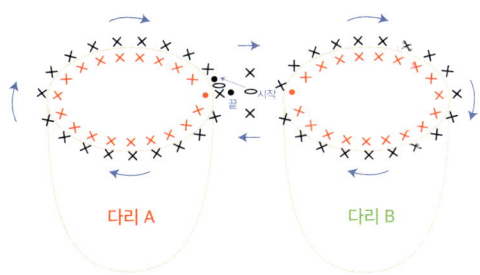

다리 A   다리 B

1. 다리 A와 B를 뜬 후 A는 실을 잘라서 준비하고, B는 실타래에 연결해 놓는다.
2. ⑳단은 ⑲단을 뜬 B를 A로 연결하는 사슬뜨기 1코를 뜨고 A의 마지막 빼뜨기한 코에 빼뜨기로 연결한다.
3. 기둥코(사슬뜨기 1코)를 세우고 빼뜨기와 기둥코를 세운 자리에 짧은뜨기 1코를 뜬 후 짧은뜨기 18코를 뜬다.
4. 다리 B와 다리 A를 연결한 사슬뜨기에 짧은뜨기 1코를 뜨고, 다리 B의 ⑲단의 첫 코부터 짧은뜨기 18코를 뜬 후 ⑲단 빼뜨기한 자리에 짧은뜨기 1코를 더 뜬다.
5. 다리 B와 다리 A를 연결한 사슬뜨기에 짧은뜨기 1코를 뜬 후 다리 A의 첫코에 다시 빼뜨기를 한 후 ⑳단을 마무리한다.

늑대 몸통

시작 | 다리에 이어서 뜬다   Color 52번 다크그레이

① (38)   0, (××××⁹××××⚠××××⁹××××) × 2, •
② (36)   0, (×××××××¹⁷××××××× ⚠) × 2, •
③ (34)   0, (××××⁸×××⚠××××⁸×××) × 2, •
④ (34)   0, (×) × 34, •
⑤ (34)   0, (×) × 9, (×) × 5, (×) × 9, (×) × 5, (×) × 6, •
⑥ (32)   0, (×××××××¹⁵××××××× ⚠) × 2, •
⑦ (24)   0, (×× ⚠) × 8, •
⑧ (16)   0, (× ⚠) × 8, •

• ⑤단의 ___ 부분을 팔과 함께 뜬다.
• 다리와 몸통에 솜을 채운다.
• 마지막 단까지 뜬 후 얼굴을 이어서 뜬다.

늑대 얼굴

시작 | 몸통에 이어서 뜬다   Color 52번 다크그레이

① (32)   0, (⚡) × 16, •
② (48)   0, (×) × 10, (⚡) × 16, (×) × 6, •
③~⑧ (48) 0, (×) × 48, •
⑨ (44)   0, (×××××¹⁴××××××× ⚠), (×××⁶××× ⚠) × 3, (×) × 8, •
⑩~⑭ (44) 0, (×) × 44, •
⑮ (40)   0, (××××⁹×××× ⚠) × 4, •
⑯ (36)   0, (××⁴×× ⚠ ××⁴××) × 4, •
⑰ (32)   0, (×××⁷××× ⚠) × 4, •
⑱ (24)   0, (×× ⚠) × 8, •
⑲ (16)   0, (× ⚠) × 8, •
⑳ (8)   0, (⚠) × 8, •

• ④단까지 뜨고 팔에 와이어를 넣는다.
• 마지막 단까지 뜬 후 실을 30cm 정도 남기고 자른다.
• 몸통과 얼굴에 솜을 채운다.
• 남긴 실을 돗바늘에 꿴 후 바짝 잡아당겨 구멍을 조인다.

늑대 코

시작	실을 2번 감아 원형코 만들기
① (8)	0, (×)×8, ·
② (16)	0, (⩗)×8, ·
③ (18)	0, (×××⁷××××⩗)×2, ·
④~⑦ (18)	0, (×)×18, ·

Color 52번 다크그레이

∘ 실을 50cm 정도 남기고 자른다.
∘ 솜을 채우고 인형에 꿰매 붙인다.

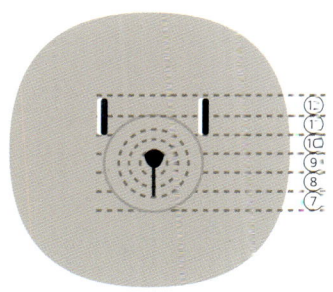

코 꿰매는 위치

× 코 꿰매는 방법 ×

1. 솜을 모양이 잡힐 정도로만 채우고 도안의 위치에 시침핀으로 고정하고 남긴 실을 돗바늘에 꿴다.

2. 떼뜨기 자리가 아래로 가도록 하고 아래부터 돗바늘을 안으로 넣어 편한 곳으로 뺀다.

 »

3. 위쪽 코머리로 바늘을 뺐다 다시 바짝 붙여 바늘을 안쪽으로 넣어 꿰맨다.

 »

4. 왼쪽과 오른쪽도 같은 방법으로 꿰매고 동그란 모양을 유지하며 나머지 부분도 모두 꿰매 붙인다.

5. 구멍을 모두 꿰매기 전에 솜을 마저 채운다. 모두 꿰맨 후 매듭짓고 매듭을 안쪽으로 넣고 마무리 한다.

늑대 얼굴 수놓기

- **사용 바늘:** 자수용 바늘
- **수놓는 실 컬러:** 눈-1번 화이트, 53번 블랙
  코-53번 블랙

× 코 수놓는 방법 ×

1. 블랙 실을 돗바늘에 꿰어 끝을 매듭짓는다. 바늘을 코의 옆쪽으로 넣어 코의 중앙으로 뺀다.

2. 오른쪽으로 사선이 되도록 코의 크기를 정해 사진처럼 바늘을 넣었다가 편한 곳으로 뺀다.

3. 바늘을 중앙으로 뺀 다음 대칭되는 위치로 넣어 편한 곳으로 뺀다.

4. V자 모양의 가운데 부분을 수놓아 채운다.

5. 도안의 위치를 참고하여 오 중을 수놓는다. 실을 매듭지어 인형 안쪽으로 넣어 마무리한다.

늑대 이빨 수놓기

- **사용 바늘**: 돗바늘
- **수놓는 실 컬러**: 1번 화이트
- **기법**: 프렌치노트 스티치 3번 감아 수놓기 *063p*

× 이빨 수놓는 방법 ×

1. 사진의 위치에 프렌치노트 스티치를 3번 감아 수놓는다.

2. 나머지 한쪽도 수놓고 매듭지어 인형 안쪽으로 넣어 마무리한다.

늑대 손톱, 발톱 수놓기

- **사용 바늘**: 돗바늘
- **수놓는 실 컬러**: 1번 화이트
- **기법**: 손톱 - 프렌치노트 스티치 2번 감아 수놓기 *063p*
  발톱 - 프렌치노트 스티치 3번 감아 수놓기

손톱 위치 발톱 위치

늑대 귀(2개)

시작	실을 2번 감아 원형코 만들기
① (4)	0, (×) × 4, ·
② (8)	0, (⋎) × 4, ·
③ (12)	0, (× ⋎) × 4, ·
④ (12)	0, (×) × 12, ·
⑤ (16)	0, (× ⋎ ×) × 4, ·
⑥ (16)	0, (×) × 16, ·

- 실을 50cm 정도 남기고 자른다.
- 남긴 실을 첫코의 안쪽으로 빼낸다.
- 솜을 채우고 인형에 꿰매 붙인다.

Color 52번 다크그레이

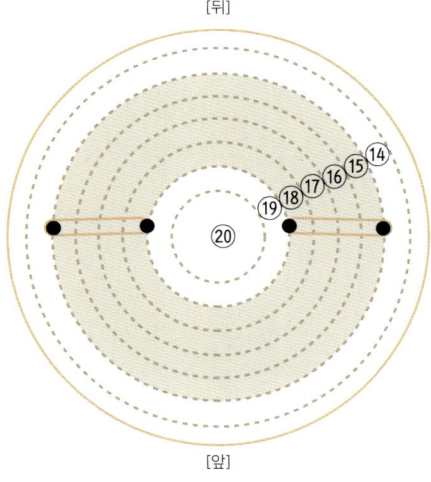

귀 꿰매는 위치

✕ 귀 꿰매는 방법 ✕

 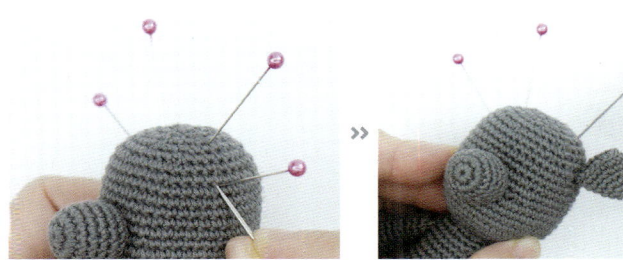

1. 귀를 납작하게 접어 빼뜨기 자리가 사진처럼 귀의 뒤쪽에 가도록 한다.

2. 도안을 보고 시침핀으로 위치를 잡은 후 귀에 남긴 실을 돗바늘에 꿰어 아래부터 인형 안쪽으로 바늘을 넣어 편한 곳으로 뺀다.

3. 위쪽 끝으로 코머리를 통과해 바늘을 뺀 후 인형에 붙여 도안의 위치에 바늘을 안으로 넣어 편한 곳으로 빼내 꿰맨다.

4. 과정 ②에서 넣은 위치로 코머리를 통과해서 꿰매 붙인다.

5. 중간 부분도 귀에 바짝 붙도록 3~4군데 정도 꿰매 붙인다. 남은 실은 매듭지어 매듭이 안쪽으로 들어가도록 마무리한다. 나머지 귀도 같은 방법으로 꿰매 붙인다.

늑대 잠옷

시작   사슬뜨기 39코로 원형코 만들기

① (42)   0, (×××⁶×××⩔×××⁶×××) × 3, •
② (42)   0, (×) × 42, •
③ (42)   0, (×) × 6, (o) × 10, (×) × 10, (o) × 10, (×) × 6, •
④~⑤ (42)   0, (×) × 42, •
⑥ (84)   0, (⩔) × 42, •
⑦~㉘ (84)   0, (×) × 84, •

- ③단 ▨ 부분은 10코를 비우고 사슬뜨기 10코를 뜬다.
- 마지막 단까지 뜨고 잠옷단을 이어서 뜬다.

Color   4번 연베이지

잠옷단

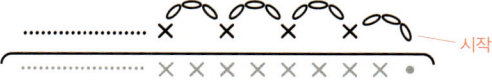

Color   4번 연베이지

- ㉘단에 이어서 잠옷단을 뜬다.
- 실을 10cm 정도 남기고 잘라 돗바늘로 정리한다.

× 잠옷단 마무리하는 방법 ×

1. 남긴 실을 돗바늘에 꿰어 첫 번째 사슬코에 넣는다.

2. 실을 당겨 처음과 끝이 붙도록 하고 남은 실은 안쪽으로 숨겨 정리한다.

잠옷 소매(2개)

Color 4번 연베이지

	시작	구멍 내놓은 곳에 실을 걸어 원형뜨기 한다
①~⑤	(22)	0, (×)×22, ·
⑥	(24)	0, (×××⁵×××∨×××⁵××)×2, ·
⑦	(36)	0, (×∨)×12, ·
⑧	(36)	0, (×)×36, ·
⑨	(24)	0, (×⋀)×12, ·
⑩	(12)	0, (⋀)×12, ·
⑪	(35)	𝟏, ∨, (⍫)×11, ·

○ 실을 10cm 정도 남기고 잘라 돗바늘로 정리한다.

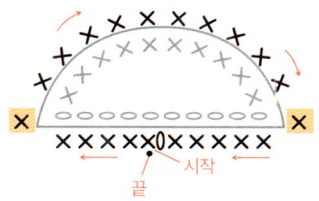

○ ■ 경계 부분 구멍에 코를 추가해서 뜬다.

①단 상세 도안

× 소매 뜨는 방법 ×

1. 구멍을 내놓은 곳의 아래쪽에 왼쪽부터 5번째 코에 실을 걸어 기둥코를 세운다.

2. 5코를 뜨고 코머리가 아닌 ■ 부분에 1코를 뜬다.

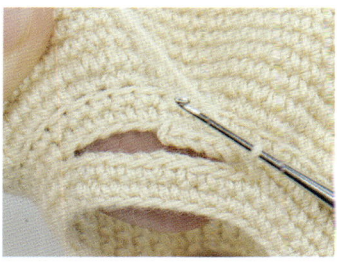

3. 윗부분에 짧은뜨기 10코를 뜬다.

4. ■ 부분에 1코를 뜬다.

5. 아래쪽에 남은 5코를 뜬 후 첫코에 빼뜨기를 하고 기둥코를 세운 다음 ②단부터 도안대로 뜬다. 마지막 단까지 뜨고 돗바늘로 실을 숨겨 마무리한다.

빨간 모자

늑대 모자

| 시작 | 실을 2번 감아 원형코 만들기 | Color 4번 연베이지 |

① (8)　0, (×) × 8, ·
② (16)　0, (⌵) × 8, ·
③ (24)　0, (×⌵) × 8, ·
④ (32)　0, (×⌵×) × 8, ·
⑤ (40)　0, (××⌵) × 8, ·
⑥ (48)　0, (××⌵××) × 8, ·
⑦ (52)　0, (×××××¹¹××××⌵) × 4, ·
⑧ (56)　0, (×××⁶×××⌵×××⁶×××) × 4, ·
⑨ (60)　0, (××××××¹³××××××⌵) × 4, ·
⑩ (64)　0, (×××⁷×××⌵×××⁷×××) × 4, ·
⑪ (72)　0, (×××⁷×××⌵) × 8, ·
⑫ (80)　0, (××××⌵××××) × 8, ·
⑬~⑰ (80)　0, (×) × 80, ·
⑱ (72)　0, (××××⋀××××) × 8, ·
⑲ (64)　0, (×××⁷×××⋀) × 8, ·
⑳ (56)　0, (×××⋀×××) × 8, ·
㉑ (48)　0, (××××⋀) × 8, ·
㉒ (40)　0, (××⋀××) × 8, ·
㉓~㉕ (40)　0, (×) × 40, ·
㉖ (40)　⸻, (⊤) × 40, ·
㉗ (199)　⸻, 🝔, (🝔) × 39, ·

∘ 실을 10cm 정도 남기고 잘라 돗바늘로 정리한다.

늑대 케이프

시작	사슬뜨기 30코로 시작해서 평면 뜨기
① (34)	8, V, (⊤)×7, V, (⊤)×12, V, (⊤)×7, V
② (38)	8, V, (⊤)×8, V, (⊤)×14, V, (⊤)×8, V
③ (42)	8, V, (⊤)×9, V, (⁻)×16, V, (⊤)×9, V
④ (44)	8, V, (⊤)×40, V
⑤ (50)	8, V, (⊤)×10, V, (⊤)×9, V, V, (⊤)×9, V, (⊤)×10, V
⑥ (50)	8, (⊤)×50

∘ 마지막 단까지 뜬 후 편물을 돌려 끝단을 뜬다.

케이프 끝단

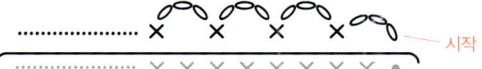

• 실을 10cm 정도 남기고 잘라 돗바늘로 정리한다.
• 끈을 뜬다.

케이프 끈

∘ 아래 끈 뜨는 방법을 참고한다.

» 케이프 끈 뜨는 방법 «

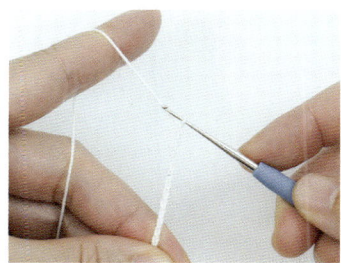

1. 사슬뜨기 40코를 뜬다.
2. 케이프의 사슬뜨기한 부분에 짧은뜨기로 26코를 뜬다.

3. 사슬뜨기 30코를 뜬다.
4. 양 끝을 매듭지어 자르고 마무리한다.

늑대 속바지

 1번 화이트

시작 사슬뜨기 20코로 원형코 만들기

		바지통 A	바지통 B
①	(30)	⸨,(ŤV)×10,·	⸨,(ŤV)×10,·
②~③	(30)	⸨,(Ť)×30,·	⸨,(Ť)×30,·
④	(62)	·,⸨,(Ť)×31,	(Ť)×31,·
⑤	(62)	⸨,(Ť)×62,·	
⑥	(60)	⸨,(ŤŤŤŤŤŤŤŤŤŤŤŤŤŤŤŤŤŤŤŤŤŤŤŤŤŤŤŤŤA)×2,· (29)	
⑦	(58)	⸨,(ŤŤŤŤŤŤŤŤŤŤŤŤŤŤAŤŤŤŤŤŤŤŤŤŤŤŤŤŤ)×2,· (14, 14)	
⑧	(56)	⸨,(ŤŤŤŤŤŤŤŤŤŤŤŤŤŤŤŤŤŤŤŤŤŤŤŤŤŤŤA)×2,· (27)	
⑨	(54)	⸨,(ŤŤŤŤŤŤŤŤŤŤŤŤŤAŤŤŤŤŤŤŤŤŤŤŤŤŤ)×2,· (13, 13)	
⑩	(52)	⸨,(ŤŤŤŤŤŤŤŤŤŤŤŤŤŤŤŤŤŤŤŤŤŤŤŤŤA)×2,· (25)	

- ③단까지 바지통 A와 B를 각각 뜬다.
  이때, 바지통 A는 실을 10cm 정도 남기고 잘라 돗바늘로 정리한다.
  바지통 B는 실을 자르지 않고 둔다.
- ④단에서 바지통을 연결해서 바지를 뜬다.
- 마지막 단까지 뜬 후 실을 10cm 정도 남기고 잘라 돗바늘로 정리한다.
- 이어서 바짓단을 뜬다.
- 모두 뜬 후 고무줄을 허리에 꿰어준다.

바지통 연결하기(④단)

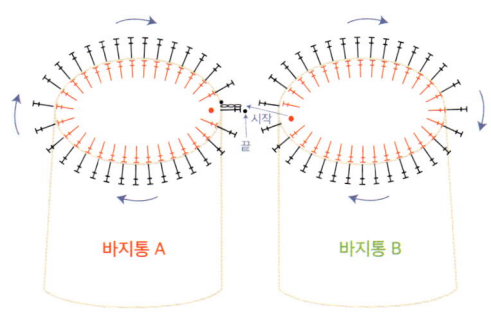

1. 바지통 A와 B를 뜬 후 A는 실을 잘라서 준비하고, B는 실타래에 연결해 놓는다.
2. ④단은 ③단을 뜬 B를 A의 마지막 빼뜨기한 코에 빼뜨기로 연결한다.
3. 기둥코(사슬뜨기 3코)를 세우고 빼뜨기와 기둥코를 세운 자리에 한길긴뜨기 1코를 뜬 후 한길긴뜨기 30코를 뜬다.
4. 바지통 B의 ③단의 첫코부터 한길긴뜨기 30코를 뜬 후 ③단 빼뜨기한 자리에 한길긴뜨기 1코를 뜬다.
5. 바지통 A의 첫코에 다시 빼뜨기한 후 ④단을 마무리한다.

✕ 바지통 연결하기 ✕

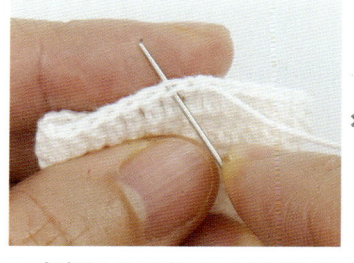 

1. 바지통 A를 돗바늘로 실 정리를 한다.

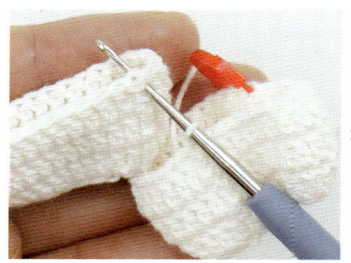  

2. 바지통 B를 A에 빼뜨기로 연결한다. 다리 잇기 040p 참고

바짓단

Color 1번 화이트

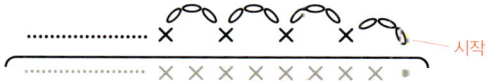

- 시작할 때 실을 10cm 정도 남기고 시작한다.
- 마지막 단까지 뜬 후 실을 10cm 정도 남기고 잘라 돗바늘로 정리한다.

✕ 바짓단 뜨는 방법 ✕

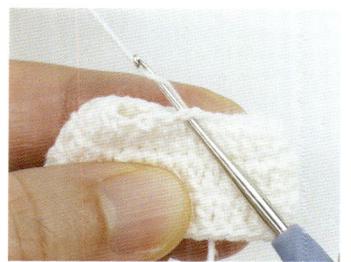

속바지를 바짓단이 위로 가도록 거꾸로 잡는다. 속바지의 뒷부분 편한 곳에 ①단을 뜨고 남은 가닥에 실을 걸어 뜬다.

고무줄 끼우기

- ⑩단 부분에 고무줄을 돗바늘에 꿰어 통과한다.
- 시작과 끝부분을 묶어서 마무리한다.

✕ 고무줄 끼우는 방법 ✕

1. 고무줄을 돗바늘에 꿰어 바지의 빼뜨기 옆쪽 구멍으로 안쪽에서 바깥쪽으로 뺀다.

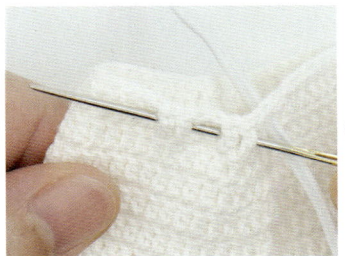

2. 2코씩 건너뛰며 안쪽과 바깥쪽을 통과해가며 고무줄을 끼운다.

3. 고무줄의 시작 위치에서 1코 전까지 고무줄을 바지 안쪽으로 들어가도록 마무리한다.

4. 늑대에 입혀 허리에 맞게 고무줄을 조인 뒤 매듭짓는다.

5. 고무줄을 조금 남기고 잘라 마무리한다.

호두까기 인형

소녀는 크리스마스 전날 호두까기 인형을 선물로 받았어요. 그런데 자정이 되자 장식장에 있던 장난감이 살아 움직이기 시작했어요. 〈호두까기 인형〉은 소녀를 위해 생쥐 왕과 열띤 전투를 벌이는 멋진 이야기를 담은 동화예요. 호두까기 인형을 사랑하는 소녀의 마음으로 멋진 병정과 사랑스러운 소녀를 함께 만들어봅니다.

· READY ·

| 난이도 | ★★☆ |

| 사이즈 | **병정** 16.5cm **소녀** 15cm |

| 준비물 | **실(돌리코튼레이스)**
· 병정: 1번 화이트, 3번 피치, 10번 피넛, 18번 다홍, 23번 다크레드, 25번 빈티지블루, 32번 네이비, 53번 블랙
· 소녀: 1번 화이트, 3번 피치, 15번 진러블리핑크, 18번 다홍, 36번 민트스카이, 46번 브라운, 53번 블랙

바늘 레이스 코바늘 1.0mm

기타 돗바늘, 자수용 바늘, 겸자, 마커, 가위, 방울솜, 1.0mm 두께 와이어 |

| 뜨개 기법 | 빼뜨기, 사슬뜨기, 짧은뜨기 2코 늘려뜨기, 짧은뜨기 3코 늘려뜨기, 짧은뜨기 이랑줄이기, 짧은뜨기 안쪽무늬뜨기, 짧은뜨기 바깥이랑뜨기, 긴뜨기, 긴뜨기 2코 늘려뜨기 |

| 인형 만들기 기본 | 038~065p 참고 |

만드는 순서

병정

1. 팔 2개와 다리 2개를 뜨고 팔에는 솜을 채운다.
2. 다리를 이은 후 재킷 아래를 뜬다.
3. 병정 재킷 아래의 윗부분에 실을 걸어 재킷(몸통)의 16단까지 뜬다.
4. 몸통과 팔을 같이 뜨면서 잇는다.
5. 다리와 몸통에 솜을 채운다.
6. 얼굴의 4단까지 뜬다.
7. 팔에 와이어를 넣는다.
8. 이어서 얼굴을 뜬다.
9. 몸통과 얼굴에 솜을 채운다.
10. 머리카락을 떠서 꿰매 붙인다.
11. 앞머리카락을 떠서 꿰매 붙인다.
12. 귀를 떠서 꿰매 붙인다.
13. 얼굴에 수놓는다.
14. 옷깃을 떠서 꿰매 붙인다.
15. 옷의 장식을 수놓는다.
16. 모자를 뜨고 장식을 수놓는다.
17. 모자를 꿰매 붙인다.

소녀

1. 팔 2개와 다리 2개를 뜨고 팔에는 솜을 채운다.
2. 다리를 이은 후 치마를 뜬다.
3. 치마 윗부분에 실을 걸어 몸통의 7단까지 뜬다.
4. 몸통과 팔을 같이 뜨면서 잇는다.
5. 다리와 몸통에 솜을 채운다.
6. 얼굴의 4단까지 뜬다.
7. 팔에 와이어를 넣는다.
8. 이어서 얼굴을 뜬다.
9. 몸통과 얼굴에 솜을 채운다.
10. 머리카락을 떠서 꿰매 붙인다.
11. 앞머리카락을 떠서 꿰매 붙인다.
12. 묶은 머리카락을 떠서 꿰매 붙인다.
13. 귀를 떠서 꿰매 붙인다.
14. 얼굴에 수놓는다.
15. 옷깃을 떠서 꿰매 붙인다.
16. 소매단을 떠서 꿰매 붙인다.
17. 손가락을 수놓는다.

도안

병정 팔(2개)

시작	실을 2번 감아 원형코 만들기
① (6)	0, (×) × 6, ·
② (12)	0, (⩔) × 6, ·
③~㉒ (12)	0, (×) × 12, ·

Color
- ①~⑤ 1번 화이트
- ⑥~⑦ 10번 피넛
- ⑧~⑳ 23번 다크레드
- ㉑~㉒ 10번 피넛

· 실을 10cm 정도 남기고 자른다.
· 남긴 실을 첫코의 안쪽으로 빼내 매듭짓는다.
· 솜을 채운다.

병정 다리

시작	실을 2번 감아 원형코 만들기	
	다리 A	다리 B
① (7)	0, (×) × 7, ·	0, (×) × 7, ·
② (14)	0, (⩔) × 7, ·	0, (⩔) × 7, ·
③ (14)	0, (⨯) × 14, ·	0, (⨯) × 14, ·
④~㉔ (14)	0, (×) × 14, ·	0, (×) × 14, ·
㉕ (30)	·, 0, (×) × 15, (×) × 15, ·	
㉖~㉝ (30)	0, (×) × 30, ·	

Color
- ①~⑬ 32번 네이비
- ⑭~㉜ 25번 빈티지블루
- ㉝ 23번 다크레드

· ㉔단까지 다리 A와 B를 각각 뜬다.
 이때, 다리 A는 실을 10cm 정도 남기고 잘라 첫코의 안쪽으로 빼내 매듭짓는다.
 다리 B는 실을 자르지 않고 둔다.
· 마지막 단까지 뜨고 다리를 돌려 재킷 아래를 뜬다.

다리 연결하기(㉕)

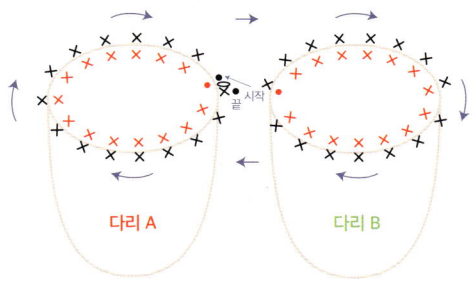

1. 다리 A와 B를 뜬 후 A는 실을 잘라서 준비하고, B는 실타래에 연결해 놓는다.
2. ㉕단은 ㉔단을 뜬 B를 A의 마지막 빼뜨기한 코에 빼뜨기로 연결한다.
3. 기둥코(사슬뜨기 1코)를 세우고 빼뜨기와 기둥코를 세운 자리에 짧은뜨기 1코를 뜬 후 짧은뜨기 14코를 뜬다.
4. 다리 B의 ㉔단 첫코부터 짧은뜨기 14코를 뜬 후 ㉔단 빼뜨기한 자리에 짧은뜨기 1코를 더 뜬다.
5. 다리 A의 첫코에 다시 빼뜨기한 후 ㉕단을 마무리한다.

병정 재킷 아래

시작 　다리를 이은 인형을 돌려 마지막 코를 첫코로 두고 뜬다

① (33)　0, (×××× ✧ ××××∨) × 3, ·
② (36)　0, (×× ✧ ××∨×× ✧ ××) × 3, ·
③ (39)　0, (×××× ✧ ××××∨) × 3, ·
④ (42)　0, (×× ✧ ××∨×× ✧ ×××) × 3, ·
⑤ (45)　0, (××××× ✧ ×××××∨) × 3, ·
⑥~⑦ (45)　0, (×) × 45, ·

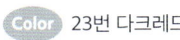 23번 다크레드

○ 실을 10cm 정도 남기고 잘라 돗바늘로 정리한다.
○ 인형을 바로 놓고 ①단의 남은 반코에 실을 걸어서 재킷(몸통)을 뜬다.

병정 재킷(몸통)

시작 　첫코에 실을 걸어서 뜬다

①~⑭ (30)　0, (×) × 30, ·
⑮ (30)　0, (×) × 8, (×) × 5, (×) × 9, (×) × 5, (×) × 3, ·
⑯ (27)　0, (××××∧××××) × 3, ·
⑰ (18)　0, (××∧) × 9, ·
⑱ (12)　0, (×∧) × 6, ·

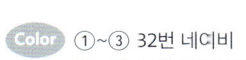 ①~③ 32번 네이비
　　　④~⑱ 23번 다크레드

○ ⑮단의 ___ 부분을 팔과 함께 뜬다.
○ 다리와 몸통에 솜을 채운다.
○ 마지막 단까지 뜬 후 얼굴을 이어서 뜬다.

병정 얼굴

시작 　몸통에 이어서 뜬다

① (36)　0, (∨) × 12, ·
②~⑮ (36)　0, (×) × 36, ·
⑯ (32)　0, (×××××××∧) × 4, ·
⑰ (24)　0, (××∧) × 8, ·
⑱ (16)　0, (×∧) × 8, ·
⑲ (8)　0, (∧) × 8, ·

 3번 피치

○ ④단까지 뜨고 팔에 와이어를 넣는다.
○ 마지막 단까지 뜬 후 실을 30cm 정도 남기고 자른다.
○ 몸통과 얼굴에 솜을 채운다.
○ 남긴 실을 돗바늘에 꿴 후 바짝 잡아당겨 구멍을 조인다.

병정 머리카락

시작	실을 2번 감아 원형코 만들기
① (7)	0, (×) × 7, ·
② (14)	0, (⌵) × 7, ·
③ (21)	0, (× ⌵) × 7, ·
④ (28)	0, (× ⌵ ×) × 7, ·
⑤ (35)	0, (× × × ⌵) × 7, ·
⑥ (42)	0, (× × ⌵ × ×) × 7, ·
⑦ (44)	0, (×) × 10, ⌵, (×) × 20, ⌵, (×) × 10, ·
⑧~⑮ (44)	0, (×) × 44, ·
⑯ (39)	0, (×) × 39
⑰ (39)	0, (⊗) × 39
⑱ (39)	0, (×) × 39

Color 53번 블랙

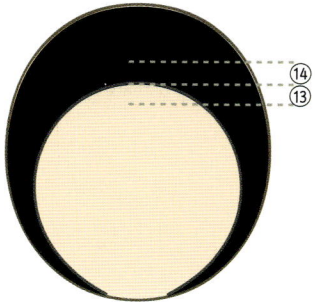

머리카락 꿰매는 위치

◦ ⑯단을 뜨고 편물을 돌린다.
◦ ⑰단은 짧은뜨기 안쪽무늬뜨기로 뜬다.
◦ 마지막 단까지 뜬 후 실을 100cm 정도 남기고 자른다.
◦ 남긴 실을 돗바늘에 꿴 후 얼굴에 꿰매 붙인다.

앞머리카락

Color 53번 블랙

◦ 시작할 때 10cm 정도 남기고 뜬다.
  다 뜬 후 실을 50cm 정도 남기고 자른다.
◦ 남긴 실을 돗바늘에 꿴 후 머리카락과 얼굴 사이에 꿰매 붙인다.

병정 귀(2개)

시작	실을 2번 감아 원형코 만들기
① (4)	0, (×) × 4

Color 3번 피치

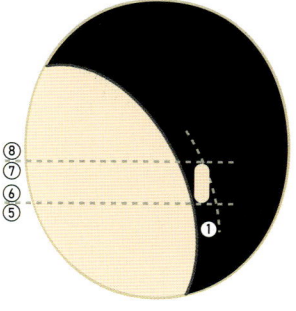

귀 꿰매는 위치

◦ 시작할 때 10cm 정도 남기고 뜬다.
  다 뜬 후 실을 30cm 정도 남기고 자른다.
◦ 남긴 실을 돗바늘에 꿴 후 인형에 꿰매 붙인다..

병정 얼굴 수놓기

- **사용 바늘**: 자수용 바늘
- **수놓는 실 컬러**:
  눈-1번 화이트, 53번 블랙
  코, 입-18번 다홍
- **기법**: 코-프렌치노트 스티치 2번 감아 수놓기 *063p*

병정 옷깃

시작	사슬뜨기 22코로 시작해서 평면뜨기
 (22)	0, (×) × 22

 Color 32번 네이비

- 시작할 때 10cm 정도 남기고 뜬다.
  다 뜬 후 실을 30cm 정도 남기고 자른다.
- 남긴 실을 돗바늘에 꿴 후 인형의 목에 꿰매 붙인다.

병정 모자

시작	실을 2번 감아 원형코 만들기
① (8)	0, (×) × 8, ·
② (16)	0, (⩔) × 8, ·
③ (24)	0, (×⩔) × 8, ·
④ (32)	0, (×⩔×) × 8, ·
⑤ (40)	0, (××⩔) × 8, ·
⑥ (48)	0, (××⩔××) × 8, ·
⑦ (56)	0, (×××××⩔) × 8, ·
⑧ (56)	0, (⩙) × 56, ·
⑨ (49)	0, (×××⩙×××) × 7, ·
⑩ (49)	0, (×) × 49, ·
⑪ (42)	0, (××××⩙) × 7, ·
⑫~⑭ (42)	0, (×) × 42, ·

  Color 32번 네이비

- 실을 30cm 정도 남기고 자른다.

모자 창

시작	실을 2번 감아 원형코 만들기	**Color** 32번 네이비
① (8)	0, (×) × 8, ·	
② (16)	0, (ⵧ) × 8, ·	
③ (24)	0, (× ⵧ) × 8, ·	
④ (32)	0, (× ⵧ ×) × 8, ·	
⑤ (40)	0, (× × × ⵧ) × 8, ·	

· 실을 30cm 정도 남기고 자른 후 돗바늘로 숨긴다.

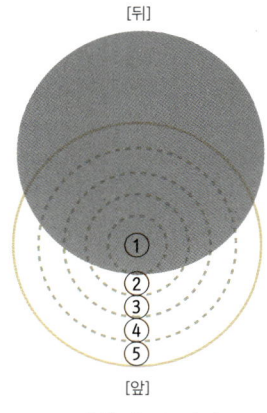

모자 창 나오는 위치

모자 꿰매기 (늑대 코 꿰매는 방법 105p 참고)

1. 모자에 솜을 모양이 잡힐 정도로 넣는다.
2. 병정 머리의 중앙에 위치를 잡고 모자 창과 모자를 시침핀으로 고정한다.
3. 모자에 남긴 실을 돗바늘에 꿰어 인형에 꿰매 붙인다.
4. 구멍을 막기 전 모자에 솜을 마저 채운다.
5. 구멍을 모두 꿰매고 매듭지어 실을 인형 안쪽으로 넣고 마무리한다.

병정 옷&모자 수놓기

· **사용 바늘**: 돗바늘
· **수놓는 실 컬러**:
  모자, 옷깃, 벨트-10번 피넛
  재킷-1번 화이트
· **기법**:
  모자, 재킷, 옷깃-프렌치노트 스티치 2번 감아 수놓기 *063p*
  모자-1겹으로 수놓기
  재킷, 벨트-2겹으로 수놓기

소녀 팔(2개)

시작	실을 2번 감아 원형코 만들기	Color ①~⑮ 3번 피치 ⑯~㉕ 36번 민트스카이
① (5)	0, (×) × 5, ·	
② (10)	0, (v) × 5, ·	
③~⑮ (10)	0, (×) × 10, ·	
⑯ (20)	0, (v) × 10, ·	
⑰ (25)	0, (××v) × 5, ·	
⑱~㉑ (25)	0, (×) × 25, ·	
㉒ (20)	0, (×××∧) × 5, ·	
㉓ (15)	0, (××∧) × 5, ·	
㉔~㉕ (15)	0, (×) × 15, ·	

∘ 실을 10cm 정도 남기고 자른다.
∘ 남긴 실을 첫코의 안쪽으로 빼내 매듭짓는다.
∘ 솜을 채운다.

소녀 다리

시작	실을 2번 감아 원형코 만들기		Color ①~⑮ 15번 진리블리핑크 ⑯~㉒ 3번 피치 ㉓~㊶ 36번 민트스카이
	다리 A	다리 B	
① (6)	0, (×) × 6, ·	0, (×) × 6, ·	
② (12)	0, (v) × 6, ·	0, (v) × 6, ·	
③~㉒ (12)	0, (×) × 12, ·	0, (×) × 12, ·	
㉓ (32)	·, 0, (××v) × 3, ×, (××v) × 3, ×, ·		
㉔~㊳ (32)	0, (×) × 32, ·		
㊴ (28)	0, (×××∧×××) × ㄴ, ·		
㊵~㊶ (28)	0, (×) × 28, ·		

∘ ㉒단까지 다리 A와 B를 각각 뜬다.
  이때, 다리 A는 실을 10cm 정도 남기고 잘라 첫코의 안쪽으로 빼내 매듭 짓는다.
  다리 B는 실을 자르지 않고 둔다.
∘ 마지막 단까지 뜨고 다리를 돌려 치마를 뜬다.

다리 연결하기(㉓)

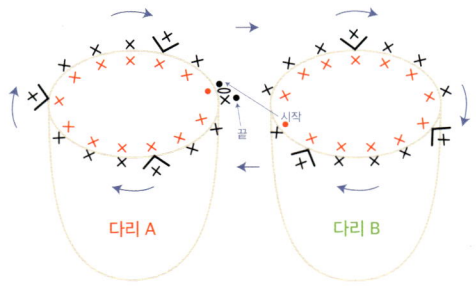

1. 다리 A와 B를 뜬 후 A는 실을 잘라서 준비하고, B는 실타래에 연결해 놓는다.
2. ㉓단은 ㉒단을 뜬 B를 A의 마지막 빼뜨기한 코에 빼뜨기로 연결한다.
3. 기둥코(사슬뜨기 1코)를 세우고 빼뜨기와 기둥코를 세운 자리에 짧은뜨기 1코를 뜬 후 짧은뜨기 2코를 뜨고 짧은뜨기 2코 늘려뜨기를 한다.
4. 짧은뜨기 3코, 짧은뜨기 2코 늘려뜨기를 2번 반복한 후 짧은뜨기 1코를 뜬다.
5. 다리 B의 ㉒단의 첫코부터 짧은뜨기 3코, 짧은뜨기 2코 늘려뜨기를 3번 반복한 후 ㉒단 빼뜨기한 자리에 짧은뜨기 1코를 더 뜬다.
6. 다리 A의 첫코에 다시 빼뜨기한 후 ㉓단을 마무리한다.

소녀 치마

시작	다리를 이은 인형을 돌려 마지막 코를 첫코로 두고 뜬다
① (56)	0, (⩗) × 28, ·
② (84)	0, (×⩗) × 28, ·
③~㉗ (84)	0, (×) × 84, ·

Color 36번 민트스카이

◦ 실을 10cm 정도 남기고 자른 후 돗바늘로 정리한다.
◦ 인형을 바로 놓고 ①단의 남은 반코에 실을 걸어서 몸통을 뜬다.

소녀 몸통

시작	첫코에 실을 걸어서 뜬다
①~⑦ (28)	0, (×) × 28, ·
⑧ (28)	0, (×) × 9, (×) × 6, (×) × 7, (×) × 6, ·
⑨ (24)	0,(××  ××⩙) × 4, ·
⑩ (12)	0, (⩙) × 12, ·
⑪ (12)	0, (×) × 12, ·

Color 36번 민트스카이

◦ ⑧단의 ___ 부분을 팔과 함께 뜬다.
◦ 다리와 몸통에 솜을 채운다.
◦ 마지막 단까지 뜬 후 얼굴을 이어서 뜬다.

소녀 얼굴

시작	몸통에 이어서 뜬다
① (36)	0, (V) × 12, ·
②~⑮ (36)	0, (×) × 36, ·
⑯ (32)	0, (×××⁷×××∧) × 4, ·
⑰ (24)	0, (××∧) × 8, ·
⑱ (16)	0, (×∧) × 8, ·
⑲ (8)	0, (∧) × 8, ·

Color 3번 피치

- 4단까지 뜨고 팔에 와이어를 넣는다.
- 마지막 단까지 뜬 후 실을 30cm 정도 남기고 자른다.
- 몸통과 얼굴에 솜을 채운다.
- 남긴 실을 돗바늘에 꿴 후 바짝 잡아당겨 구멍을 조인다.

소녀 머리카락

시작	실을 2번 감아 원형코 만들기
① (7)	0, (×) × 7, ·
② (14)	0, (V) × 7, ·
③ (21)	0, (×V) × 7, ·
④ (28)	0, (×V×) × 7, ·
⑤ (35)	0, (××V) × 7, ·
⑥ (42)	0, (××V××) × 7, ·
⑦ (44)	0, (××××¹⁰×××××V×××××¹⁰××××) × 2, ·
⑧~⑮ (44)	0, (×) × 44, ·
⑯ (39)	0, (×) × 39
⑰ (39)	0, (⊗) × 39
⑱ (39)	0, (×) × 39

Color 46번 브라운

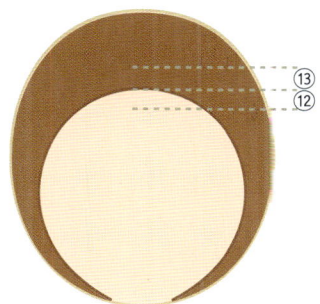

머리카락 꿰매는 위치

- ⑯단을 뜨고 편물을 돌린다(평면뜨기).
- ⑰단은 짧은뜨기 안쪽무늬뜨기로 뜬다.
- 마지막 단까지 뜬 후 실을 100cm 정도 남기고 자른다.
- 남긴 실을 돗바늘에 꿴 후 얼굴에 꿰매 붙인다.

앞머리카락

Color 46번 브라운

- 시작할 때 10cm 정도 남기고 뜬다. 다 뜬 후 실을 50cm 정도 남기고 자른다.
- 남긴 실을 돗바늘에 꿴 후 머리카락과 얼굴 사이에 꿰매 붙인다.

호두까기 인형

묶은 머리카락(2개)

시작	실을 2번 감아 원형코 만들기
① (6)	0, (×) × 6, ·
② (12)	0, (✧) × 6, ·
③~④ (12)	0, (×) × 12, ·

 Color 46번 브라운

- 실을 30cm 정도 남기고 자른다.
- 솜을 넣고 남긴 실을 돗바늘에 꿴 후 인형에 꿰매 붙인다.

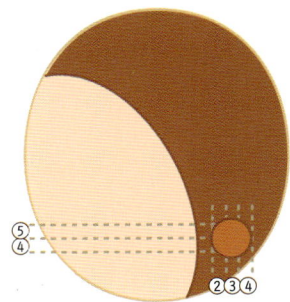

묶은 머리카락 꿰매는 위치

소녀 귀(2개)

시작	실을 2번 감아 원형코 만들기
① (4)	0, (×) × 4

 Color 3번 피치

- 시작할 때 실을 10cm 정도 남기고 뜬다.
  다 뜬 후 실을 30cm 정도 남기고 자른다.
- 남긴 실을 돗바늘에 꿴 후 인형에 꿰매 붙인다.

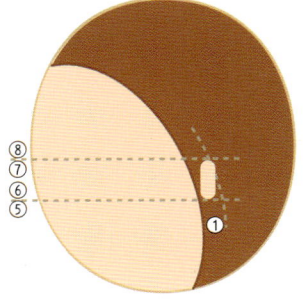

귀 꿰매는 위치

소녀 얼굴 수놓기

- **사용 바늘**: 자수용 바늘
- **수놓는 실 컬러**:
  눈-1번 화이트, 53번 블랙
  코, 입, 볼터치-18번 다홍
- **기법**: 코-프렌치노트 스티치 2번 감아 수놓기 *063p*

소녀 옷깃

 1번 화이트

- 시작할 때 실을 10cm 정도 남기고 뜬다.
  다 뜬 후 실을 50cm 정도 남기고 자른다.
- 남긴 실을 돗바늘에 꿴 후 인형의 목에 꿰매 붙인다.

소녀 소매단(2개)

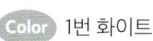 1번 화이트

- 시작할 때 실을 10cm 정도 남기고 뜬다.
  다 뜬 후 실을 50cm 정도 남기고 자른다.
- 남긴 실을 돗바늘에 꿴 후 팔의 ⑮~⑯단 사이에 둘러 꿰매 붙인다.

소녀 손가락 수놓기

- **사용 바늘**: 돗바늘
- **수놓는 실 컬러**: 3번 피치
- **기법**: 프렌치노트 스티치 2번 감아 수놓기

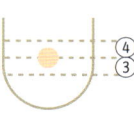

수놓는 위치

피노키오는 나무로 만든 인형뿐 아니라 실로 만든 인형도 살아 움직일 수 있을 것 같은 꿈을 가지게 해요. 거짓말을 하면 코가 길어지는 귀여운 피노키오를 요정이 빨리 사람으로 만들어주기를 바라요.

- READY -

난이도	피노키오 ★★★ 요정 ★★☆

사이즈 피노키오(앉은 키) 10cm 요정 15cm

준비물
실(돌리코튼레이스)
- 피노키오: 1번 화이트, 5번 베이지, 10번 피넛, 18번 다홍, 20번 레드, 38번 민트, 46번 브라운, 53번 블랙
- 요정: 1번 화이트, 3번 피치, 11번 당근오렌지, 15번 진러블리핑크, 17번 진핑크, 18번 다홍, 26번 블루그레이, 29번 진블루

바늘 레이스 코바늘 1.0mm

기타 돗바늘, 자수용 바늘, 겸자, 마커, 가위, 방울솜, 1.0mm 두께 와이어, 미싱용 고무줄, 우레탄줄

뜨개 기법 빼뜨기, 코 비우기, 사슬뜨기, 짧은뜨기, 짧은뜨기 2코 늘려뜨기, 짧은뜨기 3코 늘려뜨기, 짧은뜨기 2코 모아뜨기, 짧은뜨기 2코 모아 변형이랑뜨기(줄이기), 짧은뜨기 안쪽무늬뜨기, 짧은뜨기 뒤이랑뜨기, 긴뜨기, 긴뜨기 2코 늘려뜨기, 한길긴뜨기

인형 만들기 기본 038~065p 참고

만드는 순서

피노키오

1. 손과 팔 아래, 팔 위를 뜨고 솜을 채운 뒤 팔을 연결한다.
2. 신발과 다리 아래, 다리 위를 뜨고 솜을 채운다.
3. 이어서 바지를 뜨고 다리를 연결한다.
4. 몸통과 얼굴을 뜨고 솜을 채운다.
5. 팔과 다리를 몸통에 꿰매 붙인다.
6. 머리카락을 떠서 꿰매 붙인다.
7. 앞머리카락을 떠서 꿰매 붙인다.
8. 코를 떠서 꿰매 붙인다.
9. 귀를 떠서 꿰매 붙인다.
10. 얼굴에 수놓는다.
11. 손가락을 수놓는다.
12. 상의를 뜬다.
13. 케이프를 뜬다.
14. 모자를 떠서 고무줄을 단다.
15. 마리오네트 막대를 떠서 우레탄줄로 인형과 연결한다.

요정

1. 팔 2개와 다리 2개를 뜨고 팔에는 솜을 채운다.
2. 다리를 이은 후 치마를 뜬다.
3. 치마 윗부분에 실을 걸어 몸통의 6단까지 뜬다.
4. 몸통과 팔을 같이 뜨면서 잇는다.
5. 다리와 몸통에 솜을 채운다.
6. 얼굴의 4단까지 뜬다.
7. 팔에 와이어를 넣는다.
8. 이어서 얼굴을 뜬다.
9. 몸통과 얼굴에 솜을 채운다.
10. 머리카락을 떠서 꿰매 붙인다.
11. 앞머리카락을 떠서 꿰매 붙인다.
12. 옆머리카락을 떠서 꿰매 붙인다.
13. 얼굴에 수놓는다.
14. 소매단을 떠서 꿰매 붙인다.
15. 옷깃을 떠서 꿰매 붙인다.
16. 손가락을 수놓는다.
17. 모자를 떠서 솜을 넣고 인형에 꿰매 붙인다.
18. 날개를 떠서 인형에 꿰매 붙인다.

도안

피노키오 손(2개)

시작	실을 2번 감아 원형코 만들기
① (5)	0, (×) × 5, ·
② (10)	0, (⌵) × 5, ·
③~⑤ (10)	0, (×) × 10, ·
⑥ (5)	0, (○ ×) × 5, ·

 1번 화이트

- 실을 30cm 정도 남기고 자른다.
- 솜을 채운다.
- 남긴 실을 돗바늘에 꿰어 바짝 잡아당겨 구멍을 조인다.
- 팔 아래에 꿰매 붙인다.

피노키오 팔 아래(2개)

시작	실을 2번 감아 원형코 만들기
① (8)	0, (×) × 8, ·
② (8)	0, (⋈) × 8, ·
③~⑦ (8)	0, (×) × 8, ·
⑧ (4)	0, (○ ×) × 4, ·

 5번 베이지

- 실을 30cm 정도 남기고 자른다.
- 솜을 채운다.
- 남긴 실을 돗바늘에 꿴 후 바짝 잡아당겨 구멍을 조인다.
- 팔 위에 꿰매 붙인다.

피노키오 팔 위(2개)

시작	실을 2번 감아 원형코 만들기
① (8)	0, (×) × 8, ·
② (8)	0, (⋈) × 8, ·
③~⑧ (8)	0, (×) × 8, ·
⑨ (4)	0, (○ ×) × 4, ·

 5번 베이지

- 실을 30cm 정도 남기고 자른다.
- 솜을 채운다.
- 남긴 실을 돗바늘에 꿴 후 바짝 잡아당겨 구멍을 조인다.
- 몸통에 꿰매 붙인다.

× **팔 꿰매는 방법** ×   · 피노키오 바지 뜨는 방법 1의 과정(140p)을 참고해서 팔 아래와 팔 위를 평평하게 마무리한다.

1. 손, 팔 아래, 팔 위 순서대로 놓는다.

2. 손을 뜨고 남긴 실을 돗바늘에 꿰어 팔 아랫부분 중앙으로 들어가서 편한 곳으로 나온다. 같은 곳으로 바늘을 넣어 사진처럼 중앙에서 살짝 옆쪽으로 뺀다.

3. 손의 코머리를 통과해 꿰매 붙인다. 2~3번 꿰매 붙인 후 실을 매듭짓고 인형 안으로 넣어 마무리한다.

 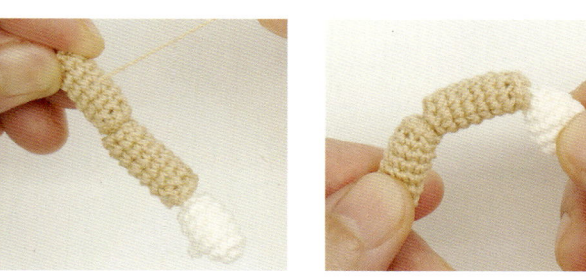

4. 팔의 윗부분도 과정 ①~③번을 참고해서 팔 아래와 꿰매 붙인다.

5. 나무토막이 연결된 느낌이 나도록 꿰맨 부분끼리 너무 바짝 붙지 않도록 한다.

피노키오 신발

| 시작 | 실을 2번 감아 원형코 만들기 | **Color** 46번 브라운 |

① (5) 0, (×) × 5, •
② (10) 0, (✹) × 5, •
③ (15) 0, (×✹) × 5, •
④~⑦ (15) 0, (×) × 15, •
⑧ (10) 0, (×⌃) × 5, •
⑨ (5) 0, (○×) × 5, •

- 실을 50cm 정도 남기고 자른다.
- 솜을 채운다.
- 남긴 실을 돗바늘에 꿴 후 바짝 잡아당겨 구멍을 조인다.
- 다리 아래에 꿰매 붙인다.

피노키오 다리 아래(2개)

| 시작 | 실을 2번 감아 원형코 만들기 | **Color** 5번 베이지 |

① (6) 0, (×) × 6, •
② (12) 0, (✹) × 6, •
③ (12) 0, (⋈) × 12, •
④~⑩ (12) 0, (×) × 12, •
⑪ (6) 0, (○×) × 6, •

- 실을 30cm 정도 남기고 자른다.
- 솜을 채운다.
- 남긴 실을 돗바늘에 꿴 후 바짝 잡아당겨 구멍을 조인다.
- 다리 위에 꿰매 붙인다.

피노키오 다리 위(2개)

| 시작 | 실을 2번 감아 원형코 만들기 | **Color** ①~⑧ 5번 베이지
⑨~⑩ 38번 민트 |

① (6) 0, (×) × 6, •
② (12) 0, (✹) × 6, •
③ (12) 0, (⋈) × 12, •
④~⑨ (12) 0, (×) × 12, •
⑩ (6) 0, (○⋈) × 6, •

- 실을 20cm 정도 남기고 자른다.
- 솜을 채운다.
- 남긴 실을 돗바늘에 꿴 후 바짝 잡아당겨 구멍을 조인다.
- 매듭짓고 실을 인형 안쪽으로 넣고 마무리한다.
- ⑩단의 반코에 실을 걸어 바지를 뜬다.

피노키오 바지

시작	다리 위의 첫코에 실을 걸어 뜬다	 38번 민트
① (15)	0, (×××⩔) × 3, ·	
② (18)	0, (××⩔××) × 3, ·	
③ (18)	0, (×) × 18, ·	
④ (21)	0, (××××⩔) × 3, ·	
⑤ (21)	0, (×) × 21, ·	
⑥ (24)	0, (×××⩔×××) × 3, ·	
⑦ (24)	0, (×) × 24, ·	

◦ 실을 10cm 정도 남기고 잘라 돗바늘로 정리한다.

✕ 바지 뜨는 방법 ✕

◦ 다리 아래도 마찬가지도 평평한 모양으로 만들어 마무리한다.

1. 다리 윗부분 구멍을 조이고 가운데로 바늘을 넣어 편한 곳으로 빠져 나온다. 남은 실을 당겨 사진처럼 평평하게 만든다.

2. ⑩단의 반코에 실을 걸어 뜬다.

3. 마지막 단까지 뜨고 뒤집어서 모양을 잡는다.

× 다리 꿰매는 방법 ×

1. 신발, 다리 아래, 다리 위 순서대로 놓는다.

2. 신발의 뒤가 다리 아랫부분과 일직선이 되도록 위치를 잡는다.

3. 신발에 남긴 실을 돗바늘에 꿴 후 다리 아랫부분을 사진처럼 통과한다.

4. 잡은 위치대로 신발에 꿰매 붙인다.

»

5. 피노키오 팔 꿰매는 방법(138p)을 참고해서 다리 위도 꿰매 붙인다.

피노키오 몸통

시작	실을 2번 감아 원형코 만들기
① (8)	0, (×) × 8, ·
② (16)	0, (⌵) × 8, ·
③ (21)	0, (× ⌵) × 8, ·
④ (32)	0, (× ⌵ ×) × 8, ·
⑤ (40)	0, (× × × ⌵) × 8, ·
⑥~⑨ (40)	0, (×) × 40, ·
⑩ (36)	0, (× × × × ⋀ × × × ×) × 4, ·
⑪ (36)	0, (×) × 36, ·
⑫ (32)	0, (× × × ⁷× × × ⋀) × 4, ·
⑬ (32)	0, (×) × 32, ·
⑭ (23)	0, (× × × ⋀ × × ×) × 4, ·
⑮~⑱ (28)	0, (×) × 28, ·
⑲ (24)	0, (× × ⁵× × × ⋀) × 4, ·
⑳ (24)	0, (×) × 24, ·
㉑ (20)	0, (× × ⋀ × ×) × 4, ·
㉒ (16)	0, (× × × ⋀) × 4, ·
㉓ (12)	0, (× × ⋀) × 4, ·

Color ①~⑫ 5번 베이지
⑬~㉓ 38번 민트

◦ 마지막 단까지 뜬 후 이어서 얼굴을 뜬다.

피노키오 얼굴

Color 5번 베이지

시작	몸통에 이어서 뜬다
① (24)	0, (⋎) × 12, ·
② (36)	0, (×⋎) × 12, ·
③~⑭ (36)	0, (×) × 36, ·
⑮ (30)	0, (××××⋏) × 6, ·
⑯ (24)	0, (×××⋏) × 6, ·
⑰ (18)	0, (××⋏) × 6, ·
⑱ (9)	0, (⋏) × 9, ·

◦ 실을 30cm 정도 남기고 자른다.
◦ 몸통과 얼굴에 솜을 채운다.
◦ 남긴 실을 돗바늘에 꿴 후 바짝 잡아당겨 구멍을 조인다.

× 몸통에 팔 꿰매기 ×

1. 팔에 남긴 실을 돗바늘에 꿴 후 가운데 부분이 아닌 옆으로 뺀다.

2. 도안의 위치로 바늘을 넣는다.

3. 팔의 위치를 확인하고 바늘을 다시 팔 쪽으로 넣는다.

4. 겉에서는 땀이 보이지 않도록 실이 나온 부분으로 다시 바늘을 통과해서 여러 번 꿰맨다.

5. 나머지 팔도 과정 ①~④번과 같은 방법으로 꿰매 붙인다.

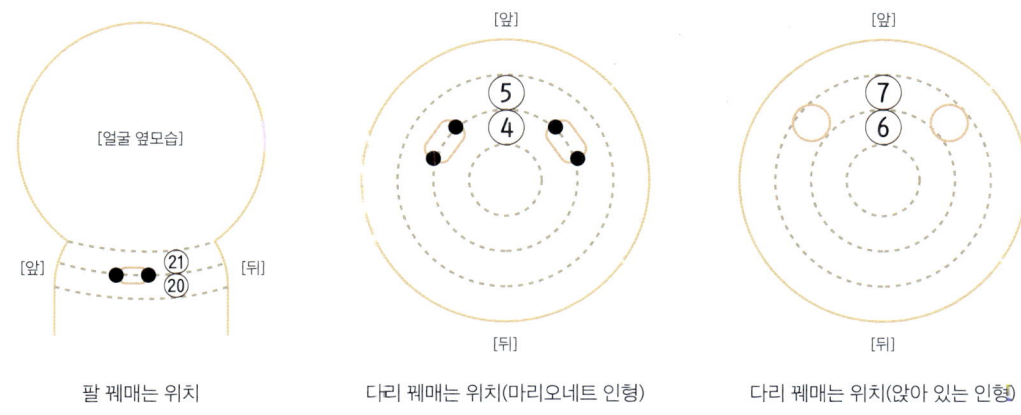

팔 꿰매는 위치   다리 꿰매는 위치(마리오네트 인형)   다리 꿰매는 위치(앉아 있는 인형)

✕ 몸통에 다리(마리오네트) 꿰매기 ✕

1. 미싱용 고무줄로 도안의 위치에 꿰매 붙인다.

✕ 몸통에 다리(앉아 있는 인형) 꿰매기 ✕

1. 돗바늘에 민트 실을 꿰어 도안의 위치에 꿰매 붙인다.

피노키오 머리카락

Color 53번 블랙

시작		실을 2번 감아 원형코 만들기
①	(7)	0, (×) × 7, •
②	(14)	0, (⩔) × 7, •
③	(21)	0, (×⩔) × 7, •
④	(28)	0, (×⩔×) × 7, •
⑤	(35)	0, (××וּ) × 7, •
⑥	(42)	0, (××⩔××) × 7, •
⑦	(44)	0, (××××⩔×××××⩔×××××) × 2, •
⑧~⑪	(44)	0, (×) × 44, •
⑫	(39)	0, (×) × 39
⑬	(39)	0, (⊗) × 39
⑭	(39)	0, (×) × 39
⑮	(39)	0, (⊗) × 39
⑯	(39)	0, (×) × 39

- ⑫단을 뜨고 편물을 돌린다(평면뜨기).
- ⑬, ⑮단은 짧은뜨기 안쪽무늬뜨기로 뜬다.
- 실을 100cm 정도 남기고 자른다.
- 남긴 실을 돗바늘에 꿴 후 얼굴에 꿰매 붙인다.

앞머리카락

Color 53번 블랙

- 시작할 때 실을 10cm 정도 남기고 뜬다.
  다 뜬 후 실을 50cm 정도 남기고 자른다.
- 남긴 실을 돗바늘에 꿴 후 머리카락과 얼굴 사이에 꿰매 붙인다.

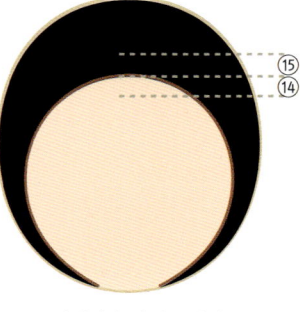

머리카락 꿰매는 위치

피노키오 코

Color 5번 베이지

시작		실을 2번 감아 원형코 만들기
①~④	(4)	0, (×) × 4, •

- 실을 50cm 정도 남기고 자른다.
- 남긴 실을 돗바늘에 꿴 후 인형에 꿰매 붙인다.

피노키오 귀(2개)

시작	실을 2번 감아 원형코 만들기
① (3)	0, (×) × 3

- 시작할 때 실을 10cm 정도 남기고 뜬다.
  다 뜬 후 실을 50cm 정도 남기고 자른다.
- 남긴 실을 돗바늘에 꿴 후 인형에 꿰매 붙인다

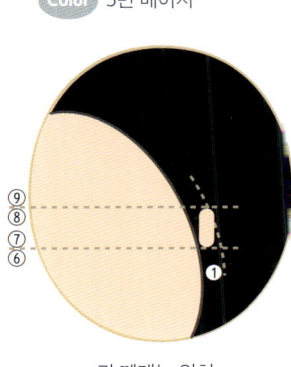

귀 꿰매는 위치

피노키오 얼굴 수놓기

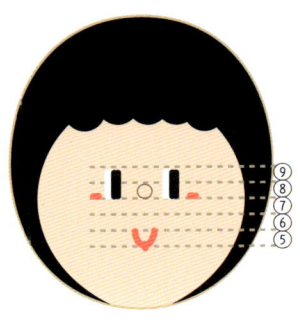

- **사용 바늘**: 자수용 바늘
- **수놓는 실 컬러**:
  눈-1번 화이트, 53번 블랙
  입, 볼터치-18번 다홍

피노키오 손가락 수놓기

- **사용 바늘**: 돗바늘
- **수놓는 실 컬러**: 1번 화이트
- **기법**: 프렌치노트 스티치 3번 감아 수놓기 *063p*

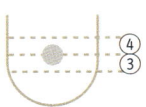

수놓는 위치

피노키오

피노키오 상의

| 시작 | 사슬뜨기 20코로 시작해서 평면뜨기 | Color 20번 레드 |

① (20)　0, (×) × 20
② (30)　0, (× ᵥ) × 10
③ (30)　0, (×) × 30
④ (30)　0, (×) × 5, (ㅇ) × 6, (×) × 8, (ㅇ) × 6, (×) × 5
⑤ (30)　0, (×) × 30
⑥ (32)　0, (×××⁷××× ᵥ ×××⁷×××) × 2
⑦ (34)　0, (×××××××¹⁵××××××× ᵥ) × 2, ·
⑧ (36)　0, (××××⁸××× ᵥ ×××⁸××××) × 2, ·
⑨ (38)　0, (××××××××¹⁷×××××××× ᵥ) × 2, ·
⑩~⑫ (38)　0, (×) × 38, ·

- ④단 ▇▇ 부분은 6코를 비우고 사슬뜨기를 6코 뜬다.
- ⑦단 마지막 코를 첫코와 빼뜨기로 연결해서 8단부터는 원형뜨기로 뜬다.
- 마지막 단까지 뜬 후 실을 10cm 정도 남기고 잘라 돗바늘로 정리한다.

상의 끈

- 상의 ①단 끝 부분에 실을 걸어 사슬뜨기 26코를 양쪽 모두 각각 뜨고 끝을 매듭짓고 마무리한다.
- 시작할 때 남긴 실을 돗바늘에 꿴 후 옷에 2~3번 꿰매 숨겨서 정리한다.
- 인형에 입히고 리본으로 묶는다.

× 상의 끈 뜨는 방법 ×

 »

끝 부분에 바늘을 넣어 실을 걸어 뜬다.

피노키오 케이프

사슬뜨기 28코

- 실을 10cm 정도 남기고 잘라 돗바늘로 정리한다.

케이프 끈(늑대 케이프 끈 뜨는 방법 113p 참고)

1. 사슬뜨기 30코를 뜬다.
2. 케이프의 사슬뜨기한 부분에 짧은뜨기로 28코를 뜬다.
3. 사슬뜨기 30코를 뜬다.
4. 양 끝에 매듭지어 자르고 마무리한다.
5. 케이프를 인형 목에 두르고 리본으로 묶는다.

피노키오 모자

시작	실을 2번 감아 원형코 만들기
① (5)	0, (×) × 5, ·
② (8)	0, ×, ⋎, ×, ⋎, ⋎, ·
③ (12)	0, (× ⋎) × 4, ·
④ (16)	0, (× ⋎×) × 4, ·
⑤ (20)	0, (×××⋎) × 4, ·
⑥ (22)	0, (×) × 9, ⋎, (×) × 9, ⋎, ·
⑦ (22)	0, (×) × 22, ·

- 실을 10cm 정도 남기고 잘라 돗바늘로 정리한다.
- 미싱용 고무줄을 얼굴 크기에 맞게 단다. 085p 참고

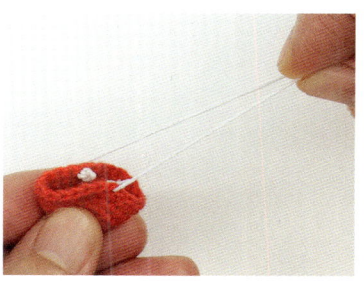

피노키오 마리오네트 막대(3개)

시작	실을 2번 감아 원형코 만들기	 10번 피넛
① (10)	0, (×) × 10, ·	
② (10)	0, (⊻) × 10, ·	
③~㊲ (10)	0, (×) × 10, ·	
㊳ (5)	0, (○×) × 5, ·	

∘ 실을 15cm 정도 남기고 자른다.
∘ 솜을 채운다.
∘ 남긴 실을 돗바늘에 꿴 후 바짝 잡아당겨 구멍을 조인다.
∘ 바지 뜨는 방법 ①번 과정(140p)을 참고해서 마무리한다.

막대 고리(2개)

① (10) | (○) × 10

∘ 시작할 때 실을 10cm 정도 남기고 뜬다.
 다 뜬 후 실을 20cm 정도 남기고 자른 후 막대 3개 중 1개에 꿰매 붙인다.

고리 꿰매는 위치

✕ 막대와 인형에 우레탄줄 꿰매는 방법 ✕

1. 우레탄줄을 30cm 정도 잘라 한쪽 끝을 매듭짓고 끝을 짧게 자른다. 탄력성이 좋아 잘 풀어지므로 세게 당겨서 2번 정도 묶는다.

2. 돗바늘에 꿰어 고리가 있는 막대의 가운데 부분을 통과해서 뺀다.

3. 피노키오 모자 뒤에 최대한 붙여 바늘을 넣는다.

4. 막대와 인형의 거리가 8cm 정도 되도록 줄을 남기고 매듭을 짓고 인형 안쪽으로 넣어 마무리한다.

5. 나머지 막대 과정은 ①~④을 참고하여 손을 통과한다. 고리에 끼웠을 때 팔을 내리고 있도록 줄의 길이를 정해 균형을 맞춰 단다.

요정 팔(2개)

시작		실을 2번 감아 원형코 만들기
①~⑨	(8)	0, (×) × 8, ·
⑩	(16)	0, (ⱽ) × 8, ·
⑪	(20)	0, (××ⱽ) × 4, ·
⑫~⑬	(20)	0, (×) × 20, ·
⑭	(16)	0, (××∧) × 4, ·
⑮	(12)	0, (××∧) × 4, ·
⑯	(8)	0, (×∧) × 4, ·

Color ①~⑨ 3번 피치
⑩~⑯ 26번 블루그레이

◦ 실을 10cm 정도 남기고 자른다.
◦ 남긴 실을 첫코의 안쪽으로 빼내 매듭짓는다.
◦ 솜을 채운다.

요정 다리

시작		실을 2번 감아 원형코 만들기
		다리 A / 다리 B
①~⑯	(9)	0, (×) × 9, · / 0, (×) × 9, ·
⑰	(30)	·, 0, (×ⱽ) × 5, (×ⱽ) × 5, ·
⑱~㉙	(30)	0, (×) × 30, ·

Color ①~⑥ 17번 진핑크
⑦~㉘ 15번 진러블리핑크
㉙ 26번 블루그레이

◦ ⑯단까지 다리 A와 B를 각각 뜬다.
  이때, 다리 A는 실을 10cm 정도 남기고 잘라 첫코의 안쪽으로 빼내 매듭짓는다.
  다리 B는 실을 자르지 않고 둔다.
◦ 마지막 단까지 뜨고 다리를 돌려 치마를 뜬다.

다리 연결하기(⑰)

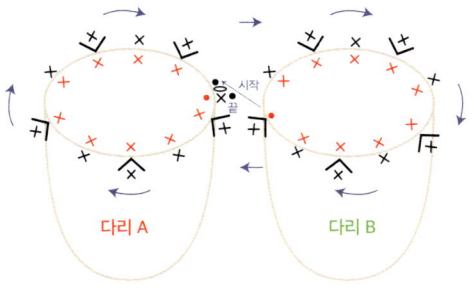

1. 다리 A와 B를 뜬 후 A는 실을 잘라서 준비하고, B는 실타래에 연결해 놓는다.
2. ⑰단은 ⑯단을 뜬 B를 A의 마지막 빼뜨기한 코에 빼뜨기로 연결한다.
3. 기둥코(사슬뜨기 1코)를 세우고 빼뜨기와 기둥코를 세운 자리에 짧은뜨기 1코를 뜬 후 짧은뜨기 2코 늘려뜨기를 뜬다. 반복해서 4번 더 뜬다.
4. 다리 B의 ⑯단 첫코부터 짧은뜨기 1코를 뜬 후 다음 코에 짧은뜨기 2코 늘려뜨기를 한다. ⑯단 빼뜨기한 자리를 포함해서 4번을 더 뜬다.
5. 다리 A의 첫코에 빼뜨기한 후 ⑰단을 마무리한다.

요정 치마

시작 다리를 이은 인형을 돌려 마지막 코를 첫코로 두고 뜬다    26번 블루그레이

① (60) 0, (✌) × 30, ·
② (90) 0, (×✌) × 30, ·
③~⑰ (90) 0, (×) × 90, ·

- 실을 10cm 정도 남기고 자른 후 돗바늘로 정리한다.
- 인형을 바로 놓고 ①단의 남은 반코에 실을 걸어 몸통을 뜬다.

요정 몸통

시작 치마의 첫코에 실을 걸어서 뜬다   Color 26번 블루그레이

① (27) 0, (××××⋀××××) × 3, ·
②~④ (27) 0, (×) × 27, ·
⑤ (24) 0, (×××⁷×××⋀) × 3, ·
⑥ (24) 0, (×) × 24, ·
⑦ (24) 0, (×) × 7, (×) × 4, (×) × 6, (×) × 4, (×) × 3, ·
⑧ (21) 0, (×××⋀×××) × 3, ·
⑨ (14) 0, (×⋀) × 7, ·
⑩ (7) 0, (○×) × 7, ·

- ⑦단의 ___ 부분을 팔과 함께 뜬다.
- 다리와 몸통에 솜을 채운다.
- 마지막 단까지 뜬 후 얼굴을 이어서 뜬다.

요정 얼굴

시작 몸통에 이어서 뜬다    3번 피치

① (21) 0, (✌) × 7, ·
② (35) 0, (×✌✌) × 7, ·
③ (39) 0, (×) × 16, ✌,×,✌,×,×,×,✌,×,✌, (×) × 10, ·
④~⑮ (39) 0, (×) × 39, ·
⑯ (32) 0, (××⋀××) × 6, ⋀, ×, ·
⑰ (24) 0, (××⋀) × 8, ·
⑱ (16) 0, (×⋀) × 8, ·
⑲ (8) 0, (⋀) × 8, ·

- ④단까지 뜨고 팔에 와이어를 넣는다.
- 마지막 단까지 뜬 후 실을 30cm 정도 남기고 자른다.
- 몸통과 얼굴에 솜을 채운다.
- 남긴 실을 돗바늘에 꿴 후 바짝 잡아당겨 구멍을 조인다.

요정 머리카락

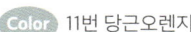 Color 11번 당근오렌지

시작	실을 2번 감아 원형코 만들기
① (8)	0, (×) × 8, ·
② (16)	0, (𝖵) × 8, ·
③ (24)	0, (× 𝖵) × 8, ·
④ (32)	0, (× 𝖵 ×) × 8, ·
⑤ (40)	0, (××× 𝖵) × 8, ·
⑥ (44)	0, (××××⁹×××× 𝖵) × 4, ·
⑦~⑭ (44)	0, (×) × 44, ·
⑮ (41)	0, (×) × 41
⑯ (41)	0, (⊗) × 41
⑰ (41)	0, (×) × 41

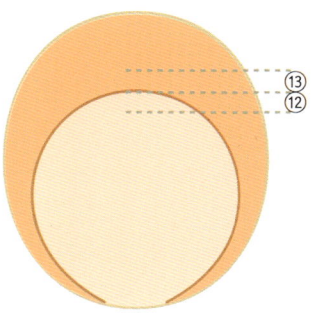

머리카락 꿰매는 위치

- ⑮단을 뜨고 편물을 돌린다(평면뜨기).
- ⑯단은 짧은뜨기 안쪽무늬뜨기로 뜬다.
- 마지막 단까지 뜬 후 실을 100cm 정도 남기고 자른다.
- 남긴 실을 돗바늘에 꿴 후 얼굴에 꿰매 붙인다.

앞머리카락

Color 11번 당근오렌지

- 시작할 때 10cm 정도 남기고 뜬다. 다 뜬 후 실을 50cm 정도 남기고 자른다.
- 남긴 실을 돗바늘에 꿴 후 머리카락과 얼굴 사이에 꿰매 붙인다.

옆머리카락

Color 11번 당근오렌지

시작	사슬 30코로 시작해서 타원형 뜨기
① (62)	
② (66)	
③~④ (66)	0, (×) × 66, ·
⑤ (56)	0, (×) × 11, (🔺) × 5, (×) × 23, (🔺) × 5, (×) × 12, ·
⑥ (46)	0, (××××⁹××× 🔺🔺🔺🔺 ×××⁹××××) × 2, ·
⑦ (23)	0, (×) × 23, ·

- ⑦단은 마주보게 접어 짧은뜨기로 뜨면서 구멍을 막는다.
- 구멍을 모두 막기 전에 솜을 채운다.
- 마지막 단까지 뜬 후 구멍을 막고 실을 100cm 정도 남기고 자른다.
- 남긴 실을 돗바늘에 꿴 후 인형에 꿰매 붙인다.

✕ 옆머리카락 꿰매는 방법 ✕

1. 6단까지 뜨고 반을 접어 기둥코를 세운다.

2. 접은 상태로 짧은뜨기를 한다.

3. 2/3 정도를 뜨고 솜을 반 정도 채운다.

4. 마지막까지 떠서 구멍을 막고 실을 100cm 정도 남기고 자른다.

5. 돗바늘로 솜이 뭉치지 않도록 모양을 잡는다.

6. 남긴 실을 돗바늘에 꿴 후 오른쪽부터 머리카락을 꿰맨 위치에 넣어 반대쪽으로 뺀다.

7. 옆머리카락 반대쪽 끝에 바늘을 넣어 뺀 뒤 목뒤로 뺀다.

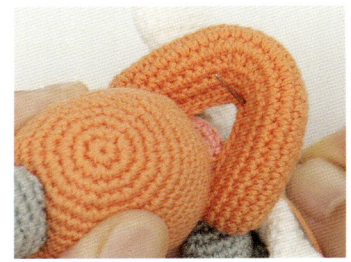

8. 머리카락 가운데 부분 코머리를 통과해서 인형에 꿰매 붙인다.

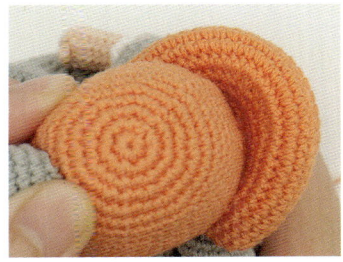

9. 목 뒷부분과 3~4군데 정도 더 꿰매 붙인다.

요정 얼굴 수놓기

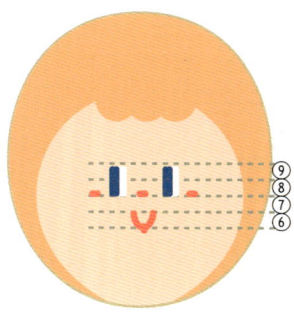

- **사용 바늘**: 자수용 바늘
- **수놓는 실 컬러**:
  눈-1번 화이트, 29번 진블루
  코, 입, 볼터치-18번 다홍
- **기법**: 코-프렌치노트 스티치 2번 감아 수놓기 *063p*

요정 소매단(2개)

Color 1번 화이트

- 시작할 때 10cm 정도 남기고 뜬다.
  다 뜬 후 실을 50cm 정도 남기고 자른다.
- 남긴 실을 돗바늘에 꿴 후 팔의 ⑩~⑪단 사이에 둘러 돗바늘로 꿰매 붙인다.

요정 옷깃

사슬뜨기 16코

Color 17번 진핑크

- 시작할 때 실을 10cm 정도 남기고 뜬다.
  다 뜬 후 실을 50cm 정도 남기고 자른다.
- 남긴 실을 돗바늘에 꿴 후 인형의 목에 꿰매 붙인다.

요정 손가락 수놓기

- **사용 바늘**: 돗바늘
- **수놓는 실 컬러**: 3번 피치
- **기법**: 프렌치노트 스티치 3번 감아 수놓기

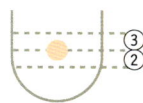

수놓는 위치

요정 모자

시작　실을 2번 감아 원형코 만들기

① (5)　0, (×) × 5, ·
② (8)　0, ×, ⋎, ×, ⋎, ×, ⋎, ·
③ (12)　0, (× ⋎) × 4, ·
④ (16)　0, (× ⋎ ×) × 4, ·
⑤ (18)　0, (×××× ⁷⋎ ××××) × 2, ·
⑥ (20)　0, (×××× ⋎ ××××) × 2, ·
⑦ (22)　0, (×××× ⁹×× ⋎ ×) × 2, ·
⑧ (24)　0, (××× ⁵⋎ ××× ⁵⋎ ××) × 2, ·
⑨ (26)　0, (×××× ¹¹× ×××× ⋎) × 2, ·

Color 26번 블루그레이

· 실을 100cm 정도 남기고 자른다.
· 모자에 솜을 채우고 남긴 실을 돗바늘에 꿴 후 인형에 꿰매 붙인다. 105p 참고

모자 장식

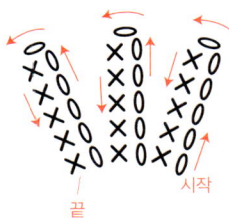

· 시작할 때 실을 10cm 정도 남기고 뜬다.
  다 뜬 후 실을 5cm 정도 남기고 자른다.
· 남긴 실을 돗바늘에 꿴 후 모자에 꿰매 붙인다.

Color 1번 화이트

요정 날개

시작　실을 2번 감아 원형코 만들기

① (6)　0, (×) × 6, ·
② (12)　0, (⋎) × 6, ·
③ (18)　0, (× ⋎) × 6, ·
④ (24)　0, (× ⋎ ×) × 6, ·
⑤ (30)　0, (×× × ⋎) × 6, ·
⑥~⑧ (30)　0, (×) × 30, ·
⑨ (24)　0, (××× ⋏) × 6, ·
⑩ (24)　0, (×) × 24, ·
⑪ (18)　0, (×× ⋏) × 6, ·
⑫~⑮ (18)　0, (×) × 18, ·
⑯ (12)　0, (× ⋏) × 6, ·
⑰ (6)　0, (⋏) × 6, ·

Color 1번 화이트

· 실을 50cm 정도 남기고 자른다.
· 남긴 실을 돗바늘에 꿴 후 인형에 꿰매 붙인다.

이상한 나라의 앨리스

시계를 든 토끼를 따라 환상의 세계로 빠져드는 앨리스, 어딘가 수상해 보이는 모자 장수, 몸이 작아졌다 커졌다 하는 마법의 물약 등 상상력이 마구 솟아나는 이 이야기를 정말 좋아해요. 앨리스와 그녀의 친구들을 만들어보아요.

• READY •

난이도 ★★★

사이즈 앨리스 13.5cm 시계 토끼 14.5cm 모자 장수(모자 포함) 15cm 약병 9cm

준비물 실(돌리코튼레이스)
- 앨리스: 1번 화이트, 3번 피치, 8번 옐로우, 18번 다홍, 25번 빈티지블루, 29번 진블루, 53번 블랙
- 시계 토끼: 1번 화이트, 8번 옐로우, 11번 당근오렌지, 15번 진러블리핑크, 18번 다홍, 23번 다크레드, 28번 블루, 46번 브라운, 49번 자주, 53번 블랙
- 모자 장수: 1번 화이트, 3번 피치, 10번 피넛, 16번 핑크, 18번 다홍, 30번 청록색, 31번 네이비블루, 44번 커피브라운, 50번 보라, 53번 블랙
- 약병: 4번 연베이지, 5번 베이지, 44번 커피브라운, 53번 블랙

바늘 레이스 코바늘 1.0mm

기타 돗바늘, 자수용 바늘, 겸자, 마커, 가위, 방울솜, 1.0mm 두께 와이어, 미싱용 고무줄, 마분지

뜨개 기법 빼뜨기, 사슬뜨기, 짧은뜨기, 짧은뜨기 2코 늘려뜨기, 짧은뜨기 2코 줄여뜨기, 짧은뜨기 2코 모아 변형이랑뜨기(줄이기), 짧은뜨기 안쪽무늬뜨기, 짧은뜨기 뒤이랑뜨기, 긴뜨기, 긴뜨기 2코 늘려뜨기, 긴뜨기 안쪽무늬뜨기, 한길긴뜨기

인형 만들기 기본 038~065p 참고

만드는 순서

앨리스

1. 팔 2개와 다리 2개를 뜨고 팔에는 솜을 채운다.
2. 다리를 이은 후 치마를 뜬다
3. 치마 윗부분에 실을 걸어 몸통의 7단까지 뜬다.
4. 몸통과 팔을 같이 뜨면서 잇는다.
5. 다리와 몸통에 솜을 채운다.
6. 얼굴의 4단까지 뜬다.
7. 팔에 와이어를 넣는다.
8. 이어서 얼굴을 뜬다.
9. 몸통과 얼굴에 솜을 채운다.
10. 머리카락을 떠서 꿰매 붙인다
11. 앞머리카락을 떠서 꿰매 붙인다.
12. 옆머리카락을 떠서 꿰매 붙인다.
13. 얼굴과 손가락을 수놓는다.
14. 옷깃, 소매단, 머리띠를 떠서 꿰매 붙인다.
15. 앞치마를 뜬다.

시계 토끼

1. 팔 2개와 다리 2개를 뜨고 팔에는 솜을 채운다.
2. 다리를 이은 후 몸통을 뜬다.
3. 몸통 실 컬러를 교체하고 14단까지 뜬다.
4. 다리와 몸통에 솜을 채운다.
5. 몸통과 팔을 같이 뜨면서 잇는다.
6. 얼굴의 4단까지 뜬다.
7. 팔에 와이어를 넣는다.
8. 이어서 얼굴을 뜬다.
9. 몸통과 얼굴에 솜을 채운다.
10. 코를 떠서 꿰매 붙인다.
11. 귀를 떠서 꿰매 붙인다.
12. 얼굴에 수놓는다.
13. 조끼를 뜬다.
14. 리본을 떠서 떠서 꿰매 붙인다.
15. 시계를 뜨고 초침을 수놓는다.

모자 장수

1. 팔 2개와 다리 2개를 뜨고 팔에는 솜을 채운다.
2. 다리를 이은 후 몸통을 뜬다.
3. 몸통 실 컬러를 교체하고 14단까지 뜬다.
4. 몸통과 팔을 같이 뜨면서 잇는다.
5. 다리와 몸통에 솜을 채운다.
6. 얼굴의 4단까지 뜬다.
7. 팔에 와이어를 넣는다.
8. 이어서 얼굴을 뜬다.
9. 몸통과 얼굴에 솜을 채운다.
10. 머리카락을 떠서 꿰매 붙인다.
11. 앞머리카락을 떠서 꿰매 붙인다.
12. 옆머리카락을 떠서 꿰매 붙인다.
13. 귀를 떠서 꿰매 붙인다.
14. 얼굴과 손가락을 수놓는다.
15. 옷깃을 떠서 꿰매 붙인다.
16. 조끼를 뜬다.
17. 모자를 뜬다.

약병

1. 약병을 떠서 솜을 채운다.
2. 병 마개를 떠서 솜을 채우고 꿰매 붙인다.
3. 태그를 떠서 마분지를 넣은 후 약병에 묶는다.

도안

앨리스 팔(2개)

시작		실을 2번 감아 원형코 만들기
①	(4)	0, (×) × 4, ·
②	(8)	0, (∨) × 4, ·
③~⑫	(8)	0, (×) × 8, ·
⑬	(16)	0, (∨) × 8, ·
⑭	(20)	0, (×××∨) × 4, ·
⑮~⑯	(20)	0, (×) × 20, ·
⑰	(16)	0, (×××∧) × 4, ·
⑱	(12)	0, (××∧) × 4, ·
⑲	(8)	0, (×∧) × 4, ·

Color ①~⑫ 3번 피치
⑬~⑲ 25번 빈티지블루

◦ 실을 10cm 정도 남기고 자른다.
◦ 남긴 실을 첫코의 안쪽으로 빼내 매듭짓는다.
◦ 솜을 채운다.

앨리스 다리

시작		다리 A	다리 B
①	(4)	0, (×) × 4, ·	0, (×) × 4, ·
②	(8)	0, (∨) × 4, ·	0, (∨) × 4, ·
③	(12)	0, (×∨) × 4, ·	0, (×∨) × 4, ·
④~㉑	(12)	0, (×) × 12, ·	0, (×) × 12, ·
㉒	(26)	·, 0, (×) × 13, (×) × 13, ·	
㉓~㉜	(26)	0, (×) × 26, ·	

Color ①~④ 53번 블랙
⑤ ⑦ ⑨ ⑪ ⑬ ⑮ ⑰ ⑲ 1번 화이트
⑥ ⑧ ⑩ ⑫ ⑭ ⑯ ⑱ ⑳ 53번 블랙
㉑~㉛ 1번 화이트
㉜ 25번 빈티지 블루

◦ ㉑단까지 다리 A와 B를 각각 뜬다.
  이때, 다리 A는 실을 10cm 정도 남기고 잘라 첫코의 안쪽으로 빼내 매듭짓는다.
  다리 B는 실을 자르지 않고 둔다.
◦ 마지막 단까지 뜨고 다리를 돌려 치마를 뜬다.

다리 연결하기(㉒단)

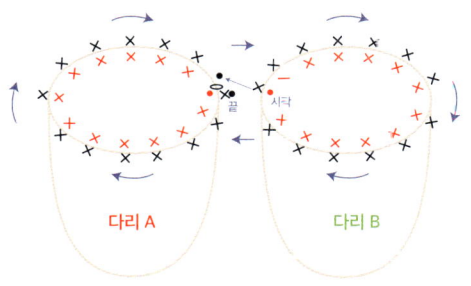

1. 다리 A와 B를 뜬 후 A는 실을 잘라서 준비하고, B는 실타래에 연결해 놓는다.
2. ㉒단은 ㉑단을 뜬 B를 A의 마지막 빼뜨기한 코에 빼뜨기로 연결한다.
3. 기둥코(사슬뜨기 1코)를 세우고 빼뜨기와 기둥코를 세운 자리에 짧은뜨기 1코를 뜬 후 짧은뜨기 12코를 뜬다.
4. 다리 B의 ㉑단의 첫코부터 짧은뜨기 12코를 뜬 후 ㉑단 빼뜨기한 자리에 짧은뜨기 1코를 뜬다.
5. 다리 A의 첫코에 다시 빼뜨기한 후 ㉒단을 마무리한다.

앨리스 치마

시작	다리를 이은 인형을 돌려 마지막 코를 첫코로 두고 뜬다
① (39)	0, (⋉⋎) × 13, ·
② (52)	0, (×⋎×) × 13, ·
③ (52)	0, (×) × 52, ·
④ (65)	0, (×××⋎) × 13, ·
⑤ (78)	0, (××⋎××) × 13, ·
⑥ (91)	0, (×××⁵××⋎) × 13, ·
⑦~⑰ (91)	0, (×) × 91, ·
⑱ (91)	0, (⊼) × 91, ·

Color 25번 빈티지블루

· 실을 10cm 정도 남기고 자른 후 돗바늘로 정리한다.

치맛단

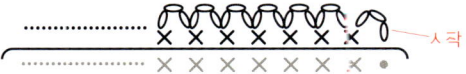

Color 1번 화이트

· ⑱단의 남은 반코에 걸어 치맛단을 뜬다.
· 실을 10cm 정도 남기고 자른 후 돗바늘로 정리한다.
· 인형을 바로 놓고 ①단의 남은 반코에 걸어서 몸통을 뜬다.

앨리스 몸통

Color 25번 빈티지블루

시작	치맛단의 첫코에 실을 걸어서 뜬다
①~⑤ (26)	0, (×) × 26, ·
⑥ (24)	0, (××××ⁿ××××⚿) × 2, ·
⑦ (24)	0, (×) × 24, ·
⑧ (24)	0, (×) × 7, (×) × 3, (×) × 7, (×) × 3, (×) × 4, ·
⑨ (16)	0, (×⚿) × 8, ·
⑩ (8)	0, (○×) × 8, ·

- ⑧단의 ___ 부분을 팔과 함께 뜬다.
- 다리와 몸통에 솜을 채운다.
- 마지막 단까지 뜬 후 얼굴을 이어서 뜬다.

앨리스 얼굴

Color 3번 피치

시작	몸통에 이어서 뜬다
① (24)	0, (⩔) × 8, ·
② (40)	0, (×⩔⩔) × 8, ·
③~⑰ (40)	0, (×) × 40, ·
⑱ (32)	0, (×××⚿) × 8, ·
⑲ (24)	0, (××⚿) × 8, ·
⑳ (16)	0, (×⚿) × 8, ·
㉑ (8)	0, (⚿) × 8, ·

- ④단까지 뜨고 팔에 와이어를 넣는다.
- 마지막 단까지 뜬 후 실을 30cm 정도 남기고 자른다.
- 몸통과 얼굴에 솜을 채운다.
- 남긴 실을 돗바늘에 꿴 후 바짝 잡아당겨 구멍을 조인다.

앨리스 머리카락

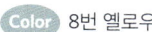

Color 8번 옐로우

시작		실을 2번 감아 원형코 만들기
①	(7)	0, (×) × 7, ·
②	(14)	0, (⌄) × 7, ·
③	(21)	0, (×⌄) × 7, ·
④	(28)	0, (×⌄×) × 7, ·
⑤	(30)	0, (××⌄) × 7, ·
⑥	(42)	0, (××⌄××) × 7, ·
⑦	(49)	0, (×××⌄××) × 7, ·
⑧~⑰	(49)	0, (×) × 49, ·
⑱	(45)	0, (×) × 45
⑲	(45)	0, (⊗) × 45

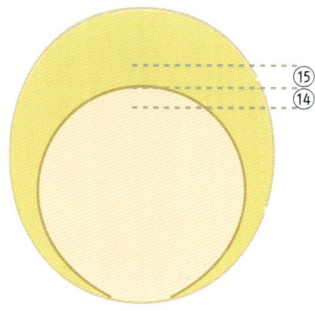

머리카락 꿰매는 위치

° ⑱단을 뜨고 편물을 돌린다(평면뜨기).
° ⑲단은 짧은뜨기 안쪽무늬뜨기로 뜬다.
° 마지막 단까지 뜬 후 실을 100cm 정도 남기고 자른다.
° 남긴 실을 돗바늘에 꿴 후 얼굴에 꿰매 붙인다.

앞머리카락

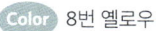

Color 8번 옐로우

° 시작할 때 10cm 정도 남기고 뜬다. 다 뜬 후 실을 50cm 정도 남기고 자른다.
° 남긴 실을 돗바늘에 꿴 후 머리카락과 얼굴 사이에 꿰매 붙인다. .

옆머리카락 (요정 옆머리카락 꿰매는 방법 153p 참고)

Color 8번 옐로우

시작		사슬 30코로 시작해서 타원형 뜨기
①	(62)	
②	(66)	
③~⑤	(66)	0, (×) × 66, ·
⑥	(56)	0, (×) × 11, (⌃) × 5, (×) × 23, (⌃) × 5, (×) × 12, ·
⑦	(50)	0, (×) × 11, (⌃) × 3, (×) × 22, (⌃) × 3, (×) × 11, ·
⑧	(50)	0, (×) × 50, ·
⑨	(25)	0, (×) × 25, ·

° ⑨단은 마주보게 접어 짧은뜨기로 뜨면서 구멍을 막는다.
° 구멍을 모두 막기 전에 솜을 채운다.
° 마지막 단까지 뜬 후 구멍을 막고 실을 100cm 남기고 자른다.
° 남긴 실을 돗바늘에 꿴 후 인형에 꿰매 붙인다.

앨리스 얼굴 수놓기

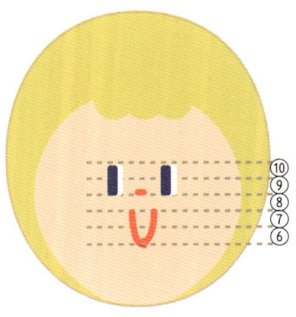

- **사용 바늘**: 자수용 바늘
- **수놓는 실 컬러**:
  눈-1번 화이트, 29번 진블루
  코, 입-18번 다홍
- **기법**: 코-프렌치노트 스티치 2번 감아 수놓기 *063p*

앨리스 손가락 수놓기

- **사용 바늘**: 돗바늘
- **수놓는 실 컬러**: 3번 피치
- **기법**: 프렌치노트 스티치 3번 감아 수놓기

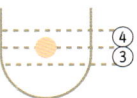

수놓는 위치

앨리스 옷깃

사슬뜨기 20코

 1번 화이트

- 시작할 때 실을 10cm 정도 남기고 뜬다.
  다 뜬 후 실을 50cm 남기고 자른다.
- 남긴 실을 돗바늘에 꿴 후 실을 숨기면서 사슬뜨기한 곳으로 옮긴다.
- 인형의 목에 꿰매 붙인다.

앨리스 소매단(2개)

Color 1번 화이트

∘ 시작할 때 10cm 정도 남기고 뜬다. 다 뜬 후 실을 50cm 남기고 자른다.
∘ 팔의 ⑫~⑬단 사이에 둘러 돗바늘로 꿰매 붙인다.

앨리스 머리띠

Color 53번 블랙

∘ 사슬뜨기 20코를 떠서 인형에 꿰매 붙인다.

머리띠 리본

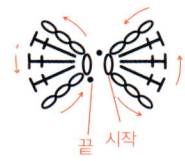

Color 53번 블랙

∘ 시작할 때 실을 10cm 정도 남기고 뜬다.
  다 뜬 후 실을 30cm 정도 남기고 자른다.
∘ 남긴 실을 돗바늘에 꿴 후 머리띠에 꿰매 붙인다.

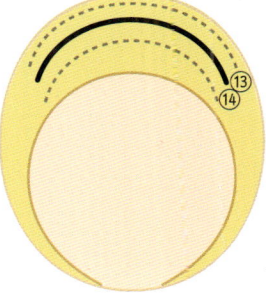

머리띠 꿰매는 위치

앨리스 앞치마

시작	사슬뜨기 10코로 시작해서 평면뜨기
① (14)	8, V, (TTV) × 3,
② (18)	8, V, (T) × 3, V, (T) × 4, V, (T) × 3, V
③ (20)	8, V, (T) × 16, V
④ (20)	8, (T) × 20
⑤ (24)	8, V, (T) × 5, V, (T) × 6, V, (T) × 5, V
⑥ (24)	8, (T) × 24
⑦ (24)	8, (T) × 24

Color 1번 화이트

° 마지막 단까지 뜨고 밑단을 이어서 뜬다.

앞치마 밑단

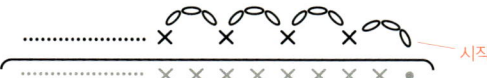

 1번 화이트

° ⑦단에 이어서 밑단을 뜬다.
° 실을 10cm 정도 남기고 잘라 돗바늘로 정리한다.

앞치마 끈 (늑대 케이프 끈 뜨는 방법 113p 참고)

1. 사슬뜨기 30코를 뜬다.
2. 앞치마의 사슬뜨기한 부분에 짧은뜨기로 10코를 뜬다.
3. 사슬뜨기 30코를 뜬다.
4. 양 끝을 매듭지어 자르고 마무리한다.

 1번 화이트

시계 토끼 팔(2개)

시작	실을 2번 감아 원형코 만들기
① (5)	0, (×) × 5, •
② (10)	0, (⩗) × 5, •
③~⑱ (10)	0, (×) × 10, •

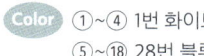
①~④ 1번 화이트
⑤~⑱ 28번 블루

- 실을 10cm 정도 남기고 자른다.
- 남긴 실을 첫코의 안쪽으로 빼내 매듭짓는다.
- 솜을 채운다.

시계 토끼 다리

시작	실을 2번 감아 원형코 만들기	
	다리 A	다리 B
① (6)	0, (×) × 6, •	0, (×) × 6, •
② (12)	0, (⩗) × 6, •	0, (⩗) × 6, •
③~⑯ (12)	0, (×) × 12, •	0, (×) × 12, •
⑰ (26)	•, 0, (×) × 13, (×) × 13, •	
⑱ (26)	0, (×) × 26, •	
⑲ (28)	0, (×××⁶××× ⩗ ×××⁶×××) × 2, •	
⑳ (32)	0, (××× ⩗ ×××) × 4, •	
㉑~㉓ (32)	0, (×) × 32, •	

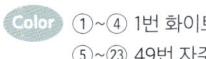
①~④ 1번 화이트
⑤~㉓ 49번 자주

- ⑯단까지 다리 A와 B를 각각 뜬다.
  이때, 다리 A는 실을 10cm 정도 남기고 잘라 첫코의 안쪽으로 빼내 매듭짓는다.
  다리 B는 실을 자르지 않고 둔다.

다리 연결하기(⑰단)

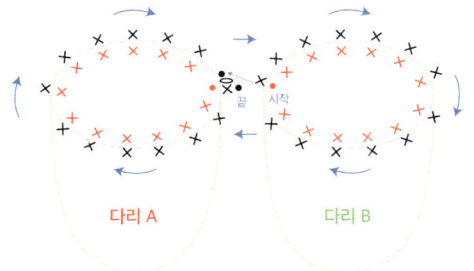

1. 다리 A와 B를 뜬 후 A는 실을 잘라서 준비하고, B는 실타래에 연결해 놓는다.
2. ⑰단은 ⑯단을 뜬 B를 A의 마지막 빼뜨기한 코에 빼뜨기로 연결한다.
3. 기둥코(사슬뜨기 1코)를 세우고 빼뜨기와 기둥코를 세운 자리에 짧은뜨기 1코를 뜬 후 짧은뜨기 12코를 뜬다.
4. 다리 B의 ⑯단 첫코부터 짧은뜨기 12코를 뜬 후 ⑯단 빼뜨기한 자리에 짧은뜨기 1코를 뜬다.
5. 다리 A의 첫코에 다시 빼뜨기한 후 ⑰단을 마무리한다.

시계 토끼 몸통

시작 　　다리에 이어서 뜬다　　　　　　　　　　　　　　Color　8번 옐로우

① ~ ⑫ (32)　0, (×) × 32, ·
⑬ (28)　0, (×××🔺×××) × 4, ·
⑭ (28)　0, (×) × 28, ·
⑮ (28)　0, (×) × 8, (×) × 4, (×) × 9, (×) × 4, (×) × 3, ·
⑯ (21)　0, (××🔺) × 7, ·
⑰ (14)　0, (×🔺) × 7, ·

· ⑮단의 ___ 부분을 팔과 함께 뜬다.
· 다리와 몸통에 솜을 채운다.
· 마지막 단까지 뜬 후 얼굴을 이어서 뜬다.

시계 토끼 얼굴

시작 　　몸통에 이어서 뜬다　　　　　　　　　　　　　　Color　1번 화이트

① (42)　0, (🔽) × 14, ·
② ~ ④ (42)　0, (×) × 42, ·
⑤ (48)　0, (×) × 18, 🔽,×,🔽,×,🔽,(×) × 7, 🔽,×,🔽,×,🔽,(×) × 7, ·
⑥ ~ ⑧ (48)　0, (×) × 48, ·
⑨ (42)　0, (×) × 18, 🔺,×,🔺,×,🔺,(×) × 7, 🔺,×,🔺,×,🔺,(×) × 7, ·
⑩ ~ ⑬ (42)　0, (×) × 42, ·
⑭ (36)　0, (×××××🔺) × 6, ·
⑮ (30)　0, (××🔺××) × 6, ·
⑯ (30)　0, (×) × 40, ·
⑰ (24)　0, (×××🔺) × 6, ·
⑱ (16)　0, (×🔺) × 8, ·
⑲ (8)　0, (🔺) × 8, ·

· ④단까지 뜨고 팔에 와이어를 넣는다.
· 마지막 단까지 뜬 후 실을 30cm 정도 남기고 자른다.
· 몸통과 얼굴에 솜을 채운다.
· 남긴 실을 돗바늘에 꿴 후 바짝 잡아당겨 구멍을 조인다.

시계 토끼 코

시작	실을 2번 감아 원형코 만들기
① (6)	0, (×) × 6, ·
② (12)	0, (⩔) × 6, ·
③ (12)	0, (×) × 12, ·

 1번 화이트

- 실을 50cm 정도 남기고 자른다.
- 솜을 채우고 남긴 실을 돗바늘에 꿴 후 얼굴에 꿰매 붙인다.

시계 토끼 코 꿰매는 위치&얼굴 수놓기

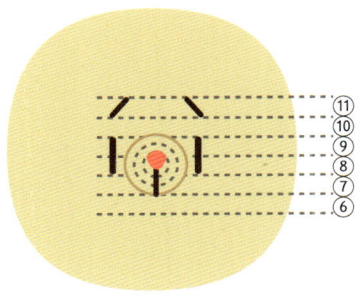

- 사용 바늘: 자수용 바늘
- 수놓는 실 컬러:
  코-18번 다홍
  눈, 눈썹, 인중-46번 브라운

시계 토끼 귀(2개)

시작	실을 2번 감아 원형코 만들기
① (4)	0, (×) × 4, ·
② (8)	0, ⩔, ×, ⩔, ×, ⩔, ·
③ (12)	0, ×, ⩔, ×, ⩔, ×, ⩔, ×, ⩔, ·
④~⑩ (12)	0, (×) × 4, (×) 3, (×) × 5, ·

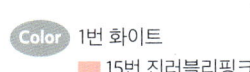 1번 화이트
15번 진러블리핑크

- 실을 50cm 정도 남기고 자른다.
- 남긴 실을 돗바늘에 꿴 후 인형에 꿰매 붙인다.

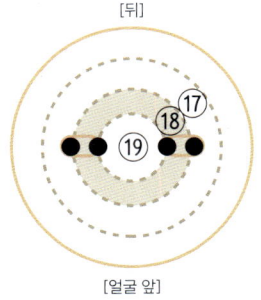

귀 꿰매는 위치

이상한 나라의 앨리스

✕ 귀 꿰매는 방법 ✕

1. 도안의 위치에 시침핀으로 표시한다.

2. 귀를 뜨고 남긴 실을 돗바늘에 꿰고 귀를 반으로 접어 코머리를 통과해서 아랫부분을 꿰맨다

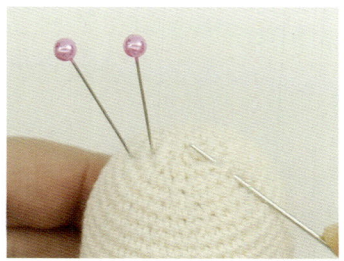
3. 시침핀을 꽂은 위치에 바늘을 넣는다.

4. 귀의 양 끝을 꿰매 붙인다.

5. 귀의 뒤쪽을 꿰매 붙인다.

6. 나머지 한쪽도 과정 ②~⑤번과 같은 방법으로 꿰매 붙인다.

시계 토끼 조끼

Color 28번 블루

시작	사슬뜨기 24코로 시작해서 평면뜨기
① (24)	0, (×) × 24
② (26)	0, ⋎, (×) × 22, ⋎
③ (32)	0, ⋎, (×) × 2, (⊖) × 6, (×) × 12, (⊖) × 6, (×) × 2, ⋎
④ (32)	0, (×) × 32
⑤ (36)	0, ⋎, (×) × 7, ⋎, (×) × 14, ⋎, (×) × 7, ⋎
⑥~⑬ (36)	0, (×) × 36

◦ ③단 ▇ 부분은 4코를 비우고 사슬뜨기 6코를 뜬다.
◦ 마지막 단까지 뜬 후 이어서 테두리를 뜬다.

조끼 테두리

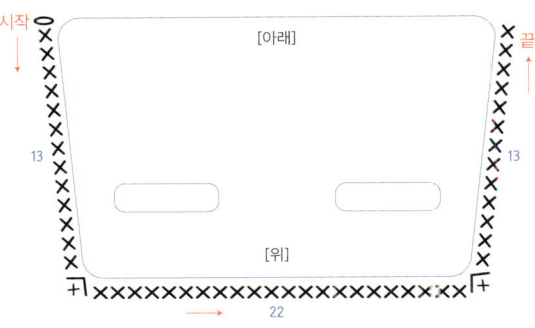

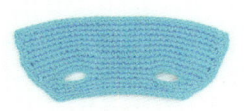

Color 28번 블루

◦ 실을 10cm 정도 남기고 자른 후 돗바늘로 정리한다.

시계 토끼 리본

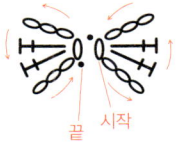

Color 23번 다크레드

◦ 시작할 때 실을 10cm 정도 남기고 뜬다.
  다 뜬 후 실을 30cm 정도 남기고 자른다.
◦ 남긴 실을 돗바늘에 꿴 후 토끼의 목에 꿰매 붙인다.

시계 토끼 시계

시작	실을 2번 감아 원형코 만들기
① (8)	0, (×) × 8, ·
② (16)	0, (⩗) × 8, ·
③ (24)	0, (× ⩗) × 8, ·
④ (32)	0, (× ⩗ ×) × 8, ·
⑤ (32)	0, (⊠) × 32, (○) × 5, ·
⑥ (24)	0, (⊠ ⩘ ⊠) × 8, ·
⑦ (16)	0, (× ⩘) × 8, ·
⑧ (8)	0, (⩘) × 8, ·

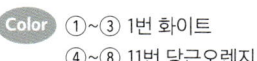

Color ①~③ 1번 화이트
④~⑧ 11번 당근오렌지

- ⑤단은 사슬뜨기 5코로 고리를 만든다.
- 마지막 단까지 다 뜬 후 실을 30cm 정도 남기고 자른다.
- 남긴 실을 돗바늘에 꿴 후 바짝 잡아당겨 구멍을 조인다.

시계 끈

(○) × 46

- 실을 30cm 정도 남기고 잘라 돗바늘로 시계에 꿰매 붙인다.

Color 11번 당근오렌지

시계 수놓기

- **사용 바늘**: 돗바늘
- **수놓는 실 컬러**: 53번 블랙
- **기법**: 중앙-프렌치노트 스티치 2번 감아 수놓기 *063p*

모자 장수 팔(2개)

시작	실을 2번 감아 원형코 만들기
① (5)	0, (×) × 5, ·
② (10)	0, (ⓥ) × 5, ·
③~⑱ (10)	0, (×) × 10, ·

∘ 실을 10cm 정도 남기고 자른다.
∘ 남긴 실을 첫코의 안쪽으로 빼내 매듭짓는다.
∘ 솜을 채운다.

Color ①~④ 3번 피치
⑤~⑱ 50번 토라

모자 장수 다리

시작	실을 2번 감아 원형코 만들기	
	다리 A	다리 B
① (6)	0, (×) × 6, ·	0, (×) × 6, ·
② (12)	0, (ⓥ) × 6, ·	0, (ⓥ) × 6, ·
③~⑯ (12)	0, (×) × 12, ·	0, (×) × 12, ·
⑰ (26)	·, 0, (×) × 13, (×) × 13, ·	
⑱ (26)	0, (×) × 26, ·	
⑲ (28)	0, (×××⁶××××ⓥ××××⁶×××) × 2, ·	
⑳ (32)	0, (×××ⓥ×××) × 4, ·	
㉑~㉓ (32)	0, (×) × 32, ·	

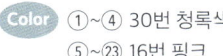
Color ①~④ 30번 청록색
⑤~㉓ 16번 핑크

∘ ⑯단까지 다리 A와 B를 각각 뜬다.
이때, 다리 A는 실을 10cm 정도 남기고 잘라 첫코의 안쪽으로 빼내 매듭짓는다.
다리 B는 실을 자르지 않고 둔다.

다리 연결하기(⑰단)

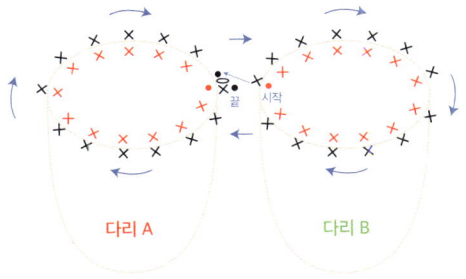

1. 다리 A와 B를 뜬 후 A는 실을 잘라서 준비하고, B는 실타래에 연결해 놓는다.
2. ⑰단은 ⑯단을 뜬 B를 A의 마지막 빼뜨기한 코에 빼뜨기로 연결한다.
3. 기둥코(사슬뜨기 1코)를 세우고 빼뜨기와 기둥코를 세운 자리에 짧은뜨기 1코를 뜬 후 짧은뜨기 12코를 뜬다.
4. 다리 B의 ⑯단 첫코부터 짧은뜨기 12코를 뜬 후 ⑯단 빼뜨기한 자리에 짧은뜨기 1코를 뜬다.
5. 다리 A의 첫코에 다시 빼뜨기한 후 ⑰단을 마무리한다.

모자 장수 몸통

Color 44번 커피브라운

시작	다리에 이어서 뜬다
①~⑫ (32)	0, (×) × 32, ·
⑬ (28)	0, (×××⚞×××) × 4, ·
⑭ (28)	0, (×) × 28, ·
⑮ (28)	0, (×) × 8, (×) × 4, (×) × 9, (×) × 4, (×) × 3, ·
⑯ (21)	0, (××⚞) × 7, ·
⑰ (14)	0, (×⚞) × 7, ·

- ⑮단의 ＿＿ 부분을 팔과 함께 뜬다.
- 다리와 몸통에 솜을 채운다.
- 마지막 단까지 뜬 후 얼굴을 이어서 뜬다.

모자 장수 얼굴

Color 3번 피치

시작	몸통에 이어서 뜬다
① (42)	0, (✥) × 14, ·
②~⑯ (42)	0, (×) × 42, ·
⑰ (40)	0, (×) × 19, ⚞, (×) × 19, ⚞, ·
⑱ (32)	0, (×××⚞) × 8, ·
⑲ (24)	0, (××⚞) × 8, ·
⑳ (16)	0, (×⚞) × 8, ·
㉑ (8)	0, (⚞) × 8, ·

- ④단까지 뜨고 팔에 와이어를 넣는다.
- 마지막 단까지 뜬 후 실을 30cm 정도 남기고 자른다.
- 몸통과 얼굴에 솜을 채운다.
- 남긴 실을 돗바늘에 꿴 후 바짝 잡아당겨 구멍을 조인다.

모자 장수 머리카락

 Color 10번 피넛

시작	실을 2번 감아 원형코 만들기
① (8)	0, (×) × 8, ·
② (16)	0, (ᗢ) × 8, ·
③ (24)	0, (× ᗢ) × 8, ·
④ (32)	0, (× ᗢ ×) × 8, ·
⑤ (40)	0, (× × × ᗢ) × 8, ·
⑥ (48)	0, (× × ᗢ × ×) × 8, ·
⑦ (50)	0, (×) × 23, ᗢ, (×) × 23, ᗢ, ·
⑧~⑰ (50)	0, (×) × 50, ·
⑱ (44)	0, (×) × 44
⑲ (44)	0, (⊗) × 44
⑳ (44)	0, (×) × 44

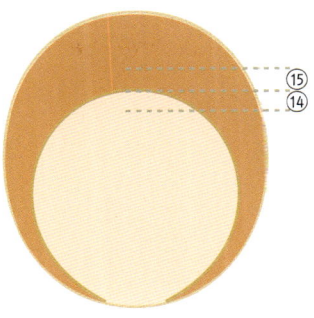

머리카락 꿰매는 위치

- ⑬단을 뜨고 편물을 돌린다(평면뜨기).
- ⑲단은 짧은뜨기 안쪽무늬뜨기로 뜬다.
- 마지막 단까지 뜬 후 실을 100cm 정도 남기고 자른다.
- 남긴 실을 돗바늘에 꿴 후 얼굴에 꿰매 붙인다.

앞머리카락

Color 10번 피넛

- 시작할 때 10cm 정도 남기고 뜬다.
  다 든 후 실을 50cm 정도 남기고 자른다.
- 남긴 실을 돗바늘에 꿴 후 머리카락과 얼굴 사이에 꿰매 붙인다.

옆머리카락 (요정 옆머리카락 꿰매는 방법 153p 참고)

Color 10번 피넛

시작	사슬 30코로 시작해서 타원형 뜨기
① (62)	
② (66)	

③~④ (66)	0, (×) × 66, ·
⑤ (56)	0, (×) × 11, (♦) × 5, (×) × 23, (♦) × 5, (×) × 12, ·
⑥ (28)	0, (×) × 28, ·

- ⑥단은 마주보게 접어 짧은뜨기로 뜨면서 구멍을 막는다.
- 구멍을 모두 막기 전에 솜을 채운다.
- 마지막 단까지 뜬 후 구멍을 막고 실을 100cm 남기고 자른다.
- 남긴 실을 돗바늘에 꿴 후 인형에 꿰매 붙인다.

모자 장수 귀(2개)

시작	실을 2번 감아 원형코 만들기		Color 3번 피치
① (5)	0, (×) × 5		

- 시작할 때 실을 10cm 남기고 시작한다. 다 뜬 후 실을 30cm 남기고 자른다
- 남긴 실을 돗바늘에 꿴 후 인형에 꿰매 붙인다.

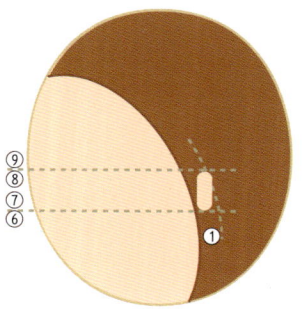

귀 꿰매는 위치

모자 장수 얼굴 수놓기

- **사용 바늘**: 자수용 바늘
- **수놓는 실 컬러**:
  눈-1번 화이트, 53번 블랙
  코, 입-18번 다홍
- **기법**:
  코-프렌치노트 스티치 2번 감아 수놓기 *063p*

모자 장수 손가락 수놓기

- **사용 바늘**: 자수용 바늘
- **수놓는 실 컬러**: 3번 피치
- **기법**: 프렌치노트 스티치 3번 감아 수놓기

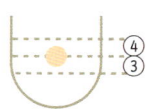

수놓는 위치

모자 장수 옷깃

사슬뜨기 20코

 1번 화이트

- 시작할 때 실을 10cm 정도 남기고 뜬다.
  다 뜬 후 실을 50cm 정도 남기고 잘라 돗바늘로 정리한다.
- 남긴 실을 돗바늘에 꿴 후 인형의 목에 꿰매 붙인다.

모자 장수 조끼

시작   사슬뜨기 24코로 시작해서 평면뜨기    50번 보라

① (24)   0, (×) × 24
② (26)   0, ⋎, (×) × 22, ⋎
③ (32)   0, ⋎, (×) × 2, (○) × 6, (×) × 12, (○) × 6, (×) × 2, ⋎
④ (32)   0, (×) × 32
⑤ (36)   0, ⋎, (×) × 7, ⋎, (×) × 14, ⋎, (×) × 7, ⋎
⑥~⑬ (36)   0, (×) × 36

- ③단 ▨ 부분은 4코를 비우고 사슬뜨기 6코를 한다.
- 마지막 단까지 뜬 후 이어서 테두리를 뜬다.

조끼 테두리

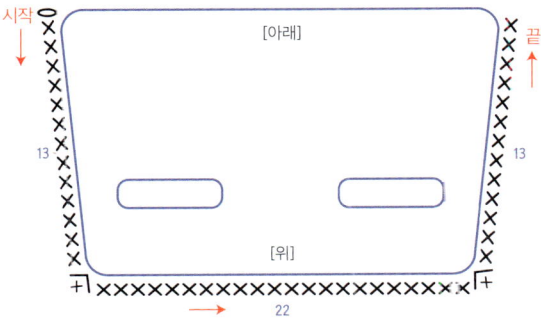

 50번 보라

- 실을 10cm 정도 남기고 잘라 돗바늘로 정리한다.

모자 장수 모자

Color 31번 네이비블루

시작		실을 2번 감아 원형코 만들기
①	(8)	0, (×) × 8, ·
②	(16)	0, (⋎) × 8, ·
③	(24)	0, (× ⋎) × 8, ·
④	(32)	0, (× ⋎ ×) × 8, ·
⑤	(40)	0, (× × ⋎) × 8, ·
⑥	(48)	0, (× × ⋎ × ×) × 8, ·
⑦	(54)	0, (× × × ⁷× × × ⋎) × 6, ·
⑧	(51)	0, (× × × × ⁸× × × ⌂ × × × × ⁸× × × ×) × 3, ·
⑨	(48)	0, (× × × × × × ¹⁵× × × × × × × ⌂) × 3, ·
⑩	(48)	0, (×) × 48, ·
⑪	(45)	0, (× × × ⁷× × × × ⌂ × × × ⁷× × × ×) × 3, ·
⑫	(45)	0, (×) × 45, ·
⑬	(42)	0, (× × × × ¹³× × × × × × ⌂) × 3, ·
⑭	(42)	0, (×) × 42, ·
⑮	(39)	0, (× × × ⁶× × × ⌂ × × ⁶× × × ×) × 3, ·
⑯	(39)	0, (×) × 39, ·
⑰	(36)	0, (× × × × ¹¹× × × × × ⌂) × 3, ·
⑱	(36)	0, (×) × 36, ·
⑲	(33)	0, (× × × ⁵× × ⌂ × × ⁵× × ×) × 3, ·
⑳	(44)	0, (× × ⋎) × 11, ·
㉑	(55)	0, (× × × ⋎) × 11, ·
㉒	(66)	0, (× × ⋎ × ×) × 11, ·
㉓	(77)	0, (× × × × × ⋎) × 11, ·
㉔	(77)	0, (×) × 77, ·

◦ 실을 10cm 정도 남기고 잘라 돗바늘로 정리한다.

모자 끈

Color 1번 화이트

시작		사슬뜨기 3코로 시작해서 평면뜨기
①~㉝	(3)	0, (×) × 3

◦ 실을 30cm 정도 남기고 잘라 모자에 꿰매 붙인다.
◦ 모자에 고무줄을 끼운다. 085p 참고

약병

시작		실을 2번 감아 원형코 만들기
①	(8)	0, (×) × 8, ·
②	(16)	0, (ᐯ) × 8, ·
③	(24)	0, (× ᐯ) × 8, ·
④	(32)	0, (× ᐯ ×) × 8, ·
⑤	(40)	0, (× × × ᐯ) × 8, ·
⑥	(40)	0, (×) × 40, ·
⑦	(40)	0, (ㅗ) × 40, ·
⑧~㉚	(40)	0, (×) × 40, ·
㉛	(32)	0, (× × × ᐱ) × 8, ·
㉜	(24)	0, (× × ᐱ) × 8, ·
㉝	(16)	0, (× ᐱ) × 8, ·
㉞~㊴	(16)	0, (×) × 16, ·

∘ 편물을 돌려 마지막 코를 첫코로 두고 뜬다.

㊵	(32)	0, (ᐯ) × 16, ·
㊶~㊷	(32)	0, (×) × 32, ·
㊸	(16)	0, (○ ×) × 16, ·

∘ 실을 50cm 정도 남기고 자른다.
∘ 솜을 채운다.
∘ ㊵~㊸단까지 겉무늬가 바깥으로 오도록 뒤집고 남긴 실을 돗바늘에 꿴 후 끝부분을 약병에 꿰매 붙인다.

약병 마개

시작		실을 2번 감아 원형코 만들기
①	(8)	0, (×) × 8, ·
②	(16)	0, (ᐯ) × 8, ·
③	(24)	0, (× ᐯ) × 8, ·
④	(24)	0, (ㅗ) × 24, ·
⑤	(21)	0, (× × × ᐱ × × ×) × 3, ·
⑥	(18)	0, (× × ᐱ × × ×) × 3, ·
⑦	(18)	0, (×) × 18, ·
⑧	(15)	0, (× × × × ᐱ) × 3, ·

Color 5번 베이지

∘ 실을 50cm 정도 남기고 자른다.
∘ 솜을 채우고 남긴 실을 돗바늘에 꿴 후 약병에 꿰매 붙인다.

약병 태그

시작 | 사슬뜨기 10코로 시작해서 타원형 뜨기

Color 4번 연베이지
▨ 53번 블랙

① (22)
②~⑤ (22)　0, (×) × 22, ·
⑥ (22)　0, (×) × 14, (×) × 5, (×) × 3, ·
⑦ (22)　0, (×) × 14, (×) × 1, (×) × 3, (×) × 1, (×) × 3, ·
⑧ (22)　0, (×) × 15, (×) × 1, (×) × 1, (×) × 2, (×) × 3, ·
⑨ (22)　0, (×) × 16, (×) × 2, (×) × 4, ·
⑩ (22)　0, (×) × 22, ·
⑪ (22)　0, (×) × 14, (×) × 5, (×) × 3, ·
⑫ (22)　0, (×) × 16, (×) × 1, (×) × 1, (×) × 1, (×) × 3, ·
⑬ (22)　0, (×) × 14, (×) × 2, (×) × 1, (×) × 2, (×) × 3, ·
⑭ (22)　0, (×) × 22, ·
⑮ (22)　0, (×) × 14, (×) × 5, (×) × 3, ·
⑯ (22)　0, (×) × 22, ·
⑰ (22)　0, (×) × 14, (×) × 5, (×) × 3, ·
⑱ (22)　0, (×) × 16, (×) × 2, (×) × 4, ·
⑲ (22)　0, (×) × 15, (×) × 2, (×) × 5, ·
⑳ (22)　0, (×) × 14, (×) × 5, (×) × 3, ·
㉑ (22)　0, (×) × 22, ·
㉒ (22)　0, (×) × 14, (×) × 5, (×) × 3, ·
㉓ (22)　0, (×) × 15, (×) × 3, (×) × 4, ·
㉔ (22)　0, (×) × 14, (×) × 1, (×) × 2, (×) × 2, (×) × 3, ·
㉕ (22)　0, (×) × 22, ·
㉖ (22)　0, (×) × 14, (×) × 5, (×) × 3, ·
㉗ (22)　0, (×) × 16, (×) × 3, (×) × 3, ·
㉘ (22)　0, (×) × 14, (×) × 3, (×) × 5, ·
㉙ (22)　0, (×) × 16, (×) × 3, (×) × 3, ·
㉚ (22)　0, (×) × 14, (×) × 5, (×) × 3, ·
㉛ (22)　0, (×) × 22, ·
㉜ (22)　0, (×) × 14, (×) × 5, (×) × 3, ·
㉝ (22)　0, (×) × 14, (×) × 1, (×) × 1, (×) × 1, (×) × 1, (×) × 1, (×) × 3, ·
㉞~㊳ (22)　0, (×) × 22, ·
㊴ (20)　0, (×××××××소) × 2, ·

○ 실을 30cm 정도 남기고 자른다.
○ 마분지를 잘라 넣는다.
○ 남긴 실을 돗바늘에 꿴 후 구멍을 감칠질해 꿰매 막는다.
○ 블랙 실 50cm를 잘라 돗바늘로 태그에 꿰어 약병에 묶는다.

※ 태그 달기 ※

1. 블랙 실을 50cm 정도 잘라 돗바늘에 꿰어 태그에 단다.

2. 약병에 묶는다.

3. 리본을 묶는다.

PART 3 명작 동화 속 주인공 만들기

어린아이들에게는 과자로 만든 집이 환상을 심어주었지만 〈헨젤과 그레텔〉은 부모에게 버려지는 이야기를 담고 있죠. 하지만 이 책 속의 남매는 착한 마녀 할머니와 함께 행복하게 살아가게 될 이야기를 꿈꾸며 만들었어요. 귀여운 도토리 과자집에서 행복하게 지내길 바라봅니다.

· READY ·

난이도 ★★★

사이즈 헨젤과 그레텔 10.5cm 마녀 할머니(모자 포함) 15cm 도토리 과자집 20cm

준비물 실(돌리코튼레이스)
- 헨젤: 1번 화이트, 3번 피치, 18번 다홍, 10번 피넛, 23번 다크레드, 40번 그린, 44번 커피브라운, 46번 브라운, 53번 블랙
- 그레텔: 1번 화이트, 3번 피치, 18번 다홍, 20번 레드, 31번 네이비블루, 40번 그린, 43번 진베이지, 44번 커피브라운, 46번 브라운, 49번 자주, 53번 블랙
- 마녀 할머니: 1번 화이트, 3번 피치, 22번 진빈티지핑크, 18번 다홍, 25번 빈티지블루, 41번 진레드베이지, 46번 브라운, 51번 그레이, 53번 블랙
- 도토리 과자집: 5번 베이지, 9번 머스터드, 11번 당근오렌지, 12번 오렌지, 14번 러블리핑크, 34번 연두, 40번 그린, 46번 브라운, 47번 초코브라운, 48번 레드브라운

바늘 레이스 코바늘 1.0mm

기타 돗바늘, 자수용 바늘, 겸자, 마커, 가위, 방울솜, 1.0mm 두께 와이어, 미싱용 고무줄, 마분지

뜨개 기법 빼뜨기, 사슬뜨기, 짧은뜨기, 짧은뜨기 2코 늘려뜨기, 짧은뜨기 2코 모아 변형이랑뜨기(줄이기), 짧은뜨기 안쪽무늬뜨기, 짧은뜨기 뒤이랑뜨기, 긴뜨기, 긴뜨기 2코 늘려뜨기, 긴뜨기 안쪽무늬뜨기, 한길긴뜨기, 코 비우기

인형 만들기 기본 038~065p 참고

만드는 순서

헨젤

1. 팔 2개와 다리 2개를 뜨고 팔에는 솜을 채운다.
2. 다리를 잇는다.
3. 몸통 실로 컬러를 교체하고 6단까지 뜬다.
4. 몸통과 팔을 같이 뜨면서 잇는다.
5. 다리와 몸통에 솜을 채운다.
6. 얼굴의 4단까지 뜬다.
7. 팔에 와이어를 넣는다.
8. 이어서 얼굴을 뜬다.
9. 몸통과 얼굴에 솜을 채운다.
10. 머리카락을 떠서 꿰매 붙인다.
11. 앞머리카락을 떠서 꿰매 붙인다.
12. 귀를 떠서 꿰매 붙인다.
13. 얼굴에 수놓는다.
14. 바지통을 뜨고 연결한 뒤 끈을 단다.
15. 스카프를 뜬다.
16. 모자를 뜨고 고무줄을 단다.

그레텔

1. 팔 2개와 다리 2개를 뜨고 팔에는 솜을 채운다.
2. 다리를 이은 후 치마를 뜬다.
3. 치마 윗부분에 실을 걸어 몸통의 6단까지 뜬다.
4. 몸통과 팔을 같이 뜨면서 잇는다.
5. 다리와 몸통에 솜을 채운다.
6. 얼굴의 4단까지 뜬다.
7. 팔에 와이어를 넣는다.
8. 이어서 얼굴을 뜬다.
9. 몸통과 얼굴에 솜을 채운다.
10. 머리카락을 떠서 꿰매 붙인다.
11. 앞머리카락을 떠서 꿰매 붙인다.
12. 땋은 머리카락을 떠서 꿰매 붙인다.
13. 귀를 떠서 꿰매 붙인다.
14. 얼굴에 수놓는다.
15. 옷깃을 떠서 꿰매 붙인다.
16. 앞치마를 뜬다.

마녀 할머니

1. 팔 2개와 다리 2개를 뜨고 팔에는 솜을 채운다.
2. 다리를 이은 후 치마를 뜬다.
3. 치마 윗부분에 실을 걸어 몸통의 6단까지 뜬다.
4. 몸통과 팔을 같이 뜨면서 잇는다.
5. 다리와 몸통에 솜을 채운다.
6. 얼굴의 4단까지 뜬다.
7. 팔에 와이어를 넣는다.
8. 이어서 얼굴을 뜬다.
9. 몸통과 얼굴에 솜을 채운다.
10. 머리카락을 떠서 꿰매 붙인다.
11. 앞머리카락을 떠서 꿰매 붙인다.
12. 옆머리카락을 떠서 꿰매 붙인다.
13. 얼굴에 수놓는다.
14. 옷깃을 떠서 꿰매 붙인다.
15. 앞치마를 뜬다.
16. 두건을 뜬다.
17. 모자를 뜨고 고무줄을 단다.

도토리 과자집

1. 벽을 떠서 마분지를 넣는다.
2. 바닥을 뜬 후 벽에 꿰매 붙인다.
3. 벽 연결고리를 떠서 꿰매 붙인다.
4. 뚜껑을 뜬다.
5. 손잡이를 떠서 솜을 채우고 뚜껑에 꿰매 붙인다.
6. 도토리를 뜬다.
7. 잎사귀를 떠서 와이어를 넣는다.
8. 도토리와 잎사귀를 뚜껑에 꿰매 붙인다.

도안

헨젤과 그레텔 팔(2개)

	시작	실을 2번 감아 원형코 만들기
①~⑭	(8)	0, (×) × 8, ·

○ 실을 10cm 정도 남기고 자른다.
○ 남긴 실을 첫코의 안쪽으로 빼내 매듭짓는다.
○ 솜을 채운다.

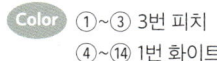
①~③ 3번 피치
④~⑭ 1번 화이트

헨젤과 그레텔 다리

	시작	실을 2번 감아 원형코 만들기	
		다리 A	다리 B
①	(6)	0, (×) × 6, ·	0, (×) × 6, ·
②	(12)	0, (⋎) × 6, ·	0, (⋎) × 6, ·
③~⑭	(12)	0, (×) × 12, ·	0, (×) × 12, ·
⑮	(30)	·, 0, ×××⋎, ×××××⋎, ×××, ×××⋎, ×××××⋎, ×××, ·	
⑯~㉔	(30)	0, (×) × 30, ·	

○ ⑭단까지 다리 A와 B를 각각 뜬다.
 이때, 다리 A는 실을 10cm 정도 남기고 잘라 첫코의 안쪽으로 빼내 매듭짓는다.
 다리 B는 실을 자르지 않고 둔다.
○ 헨젤은 마지막 단까지 뜨고 이어서 몸통을 뜬다.
○ 그레텔은 마지막 단까지 뜨고 다리를 돌려 치마를 뜬다.

Color **헨젤**
①~⑦ 46번 브라운
⑧~⑭ 3번 피치
⑮~㉔ 1번 화이트
그레텔
①~⑦ 46번 브라운
⑧~⑭ 3번 피치
⑮~㉓ 1번 화이트
㉔ 49번 자주

다리 연결하기(⑮단)

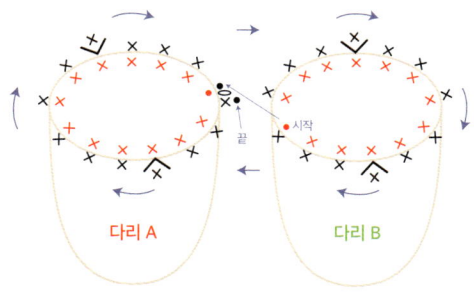

1. 다리 A와 B를 뜬 후 A는 실을 잘라서 준비하고, B는 실타래에 연결해 놓는다.
2. ⑮단은 ⑭단을 뜬 B를 A의 마지막 빼뜨기한 코에 빼뜨기로 연결한다.
3. 기둥코(사슬뜨기 1코)를 세우고 빼뜨기와 기둥코를 세운 자리에 짧은뜨기 1코를 뜬 후 짧은뜨기 2코, 짧은뜨기 5코 늘려뜨기, 짧은뜨기 3코를 뜬다.
4. 다리 B의 ⑭단 첫코부터 짧은뜨기 3코 늘려뜨기, 짧은뜨기 5코 늘려뜨기, 짧은뜨기 2코를 뜬 후 ⑭단 빼뜨기한 자리에 짧은뜨기 1코를 뜬다.
5. 다리 A의 첫코에 다시 빼뜨기한 후 ⑮단을 마무리한다.

그레텔 치마

시작	다리를 이은 인형을 돌려 마지막 코를 첫코로 두고 뜬다
① (60)	0, (⋎) × 30, ·
② (80)	0, (××⋎) × 20, ·
③~⑫ (80)	0, (×) × 80, ·

 49번 자주

· 실을 10cm 정도 남기고 자른 후 돗바늘로 즈리한다.
· 마지막 단까지 뜬 후 ①단의 남은 반코에 실을 걸어서 몸통을 뜬다.

헨젤과 그레텔 몸통

시작	헨젤-다리에 이어서 뜬다 그레텔-치마의 첫코에 실을 걸어서 뜬다
① (30)	0, (×) × 30, ·
② (27)	0, (××××⋏××××) × 3, ·
③~⑤ (27)	0, (×) × 27, ·
⑥ (24)	0, (×××××××⋏) × 3, ·
⑦ (24)	0, (×) × 7, (×) × 4, (×) × 6, (×) × 4, (×) × 3, ·
⑧ (21)	0, (×××⋏×××) × 3, ·
⑨ (11)	0, ×, (○×) × 10, ·

 헨젤 1번 화이트
그레텔 31번 네이비 블루

· ⑦단의 ─── 부분을 팔과 함께 뜬다.
· 다리와 몸통에 솜을 채운다.
· 마지막 단까지 뜬 후 얼굴을 이어서 뜬다.

헨젤과 그레텔 얼굴

시작	몸통에 이어서 뜬다
① (33)	0, (⋎) × 11, ·
② (39)	0, ×, ×, ⋎, (×) × 5, ⋎, (×) × 4, ⋎, (×) × 5, ⋎, (×) × 4, ⋎, (×) × 5, ⋎, ×, ×, ·
③~⑮ (39)	0, (×) × 39, ·
⑯ (32)	0, (××⋏××) × 6, ⋏, ×, ·
⑰ (24)	0, (××⋏) × 8, ·
⑱ (16)	0, (×⋏) × 8, ·
⑲ (8)	0, (⋏) × 8, ·

 3번 피치

· ④단까지 뜨고 팔에 와이어를 넣는다.
· 마지막 단까지 뜬 후 실을 30cm 정도 남기고 자른다.
· 몸통과 얼굴에 솜을 채운다.
· 남긴 실을 돗바늘에 꿴 후 바짝 잡아당겨 구멍을 조인다.

헨젤과 그레텔 머리카락

시작	실을 2번 감아 원형코 만들기
① (8)	0, (×) × 8, ·
② (16)	0, (✌) × 8, ·
③ (24)	0, (× ✌) × 8, ·
④ (32)	0, (× ✌ ×) × 8, ·
⑤ (40)	0, (× × ✌) × 8, ·
⑥ (44)	0, (× × × × × × × × × ✌) × 4, ·
⑦ ~ ⑭ (44)	0, (×) × 44, ·
⑮ (41)	0, (×) × 41
⑯ (41)	0, (⊗) × 41
⑰ (41)	0, (×) × 41

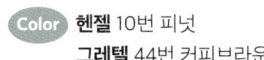
Color 헨젤 10번 피넛
그레텔 44번 커피브라운

- ⑮단을 뜨고 인형을 돌린다(평면뜨기).
- ⑯단은 짧은뜨기 안쪽무늬뜨기로 뜬다.
- 마지막 단까지 뜬 후 실을 100cm 정도 남기고 자른다.
- 남긴 실을 돗바늘에 꿴 후 얼굴에 꿰매 붙인다.

앞머리카락

- 시작할 때 10cm 정도 남기고 뜬다.
  다 뜬 후 실을 50cm 정도 남기고 자른다.
- 남긴 실을 돗바늘에 꿴 후 머리카락과 얼굴 사이에 꿰매 붙인다.

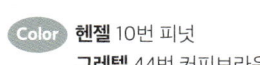
Color 헨젤 10번 피넛
그레텔 44번 커피브라운

헨젤과 그레텔 귀(2개)

시작	실을 2번 감아 원형코 만들기
① (4)	0, (×) × 4

Color 3번 피치

- 시작할 때 실을 10cm 남기고 시작한다. 다 뜬 후 실을 30cm 남기고 자른다.
- 남긴 실을 돗바늘에 꿴 후 인형에 꿰매 붙인다.

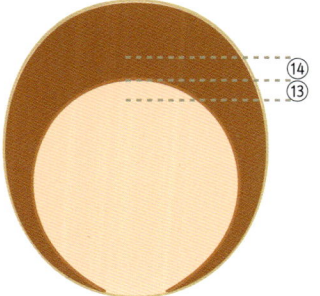
머리카락 꿰매는 위치

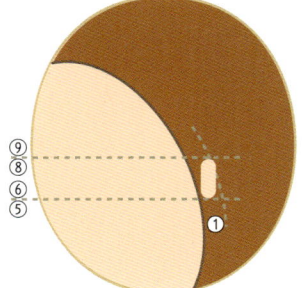
귀 꿰매는 위치

헨젤과 그레텔 얼굴 수놓기

- **사용 바늘**: 자수용 바늘
- **수놓는 실 컬러**:
  눈-1번 화이트, 53번 블랙
  코, 입, 볼터치-18번 다홍
- **기법**: 코-프렌치노트 스티치 2번 감아 수놓기 *063p*

그레텔 땋은 머리카락 (앤 땋은 머리카락 만드는 방법 078p 참고)

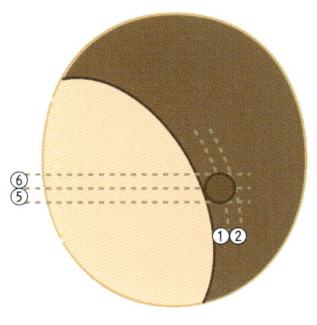 

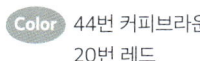 44번 커피브라운
20번 레드

- 44번 커피브라운 실을 30cm 길이로 10가닥을 만든다.
- 커피브라운 실을 30cm 길이로 잘라 실뭉치의 중간을 묶고 반을 접어 아래에 연결된 실을 조금 잘라내고 3등분하여 땋는다.
- 20번 레드 실을 20cm 정도 잘라 끈을 만든다.
- 끈으로 땋은 머리카락을 묶고 끝을 짧게 자른 뒤 리본의 가운데에 접착제를 한 방울 떨어트려 고정시킨다.
- 땋은 머리카락 끝을 짧게 자르고 머리카락 중간을 묶고 남긴 실을 돗바늘에 꿴 후 인형에 꿰매 붙인다.

헨젤 바지

시작 사슬뜨기 18로 원형코 만들기 Color 23번 다크레드

		바지통 A	바지통 B
①~③	(18)	0, (×) × 18, ·	0, (×) × 18, ·
④	(38)	·, 0, (×) × 19,	(×) × 19, ·
⑤~⑨	(38)	0, (×) × 38, ·	
⑩	(36)	0, (×) × 10, ⋀, (×) × 14, ⋀, (×) × 10, ·	
⑪~⑫	(36)	0, (×) × 36, ·	

∘ ③단까지 바지통 A와 B를 각각 뜬다.
　이때, 바지통 A는 실을 10cm 정도 남기고 잘라 돗바늘로 정리한다.
　바지통 B는 실을 자르지 않고 둔다.
∘ ④단에서 바지통을 연결해서 바지를 뜬다.
∘ 마지막 단까지 뜬 후 실을 10cm 정도 남기고 잘라 돗바늘로 실을 정리한다.

바지통 연결하기(④단)

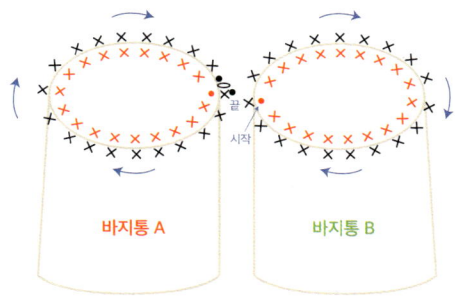

1. 바지통 A와 B를 뜬 후 A는 실을 잘라서 준비하고, B는 실타래에 연결해 놓는다.
2. ④단은 ③단을 뜬 B를 A의 마지막 빼뜨기한 코에 빼뜨기로 연결한다.
3. 기둥코(사슬뜨기 1코)를 세우고 빼뜨기와 기둥코를 세운 자리에 짧은뜨기 1코를 뜬 후 짧은뜨기 18코를 뜬다.
4. 바지통 B의 ③단 첫코부터 짧은뜨기 18코를 뜬 후 ③단 빼뜨기한 자리에 짧은뜨기 1코를 뜬다.
5. 바지통 A의 첫코에 다시 빼뜨기한 후 ④단을 마무리한다.

바지 끈(2개)

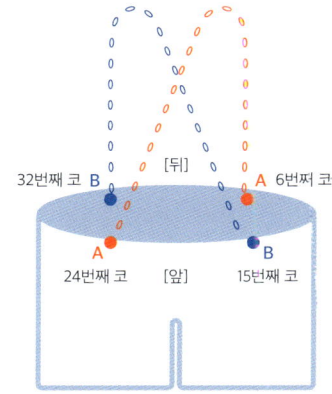

Color 23번 다크레드

- 실을 10cm 정도 남기고 바지 앞쪽 위치에 실을 걸어 사슬뜨기 22코를 뜬다.
- 바지 뒤 위치에 돗바늘로 꿰매 남은 실을 정리한다.
- 남긴 실을 돗바늘에 꿴 후 바지 앞쪽에 잘 붙도록 꿰매고 남은 실은 정리한다.

헨젤 스카프

Color 40번 그린

사슬뜨기 50코

- 실을 10cm 정도 남기고 잘라 돗바늘로 정리한다.
- 인형의 목에 너무 달라붙지 않도록 두르고 묶는다.

헨젤 모자

시작	실을 2번 감아 원형코 만들기	Color 44번 커피브라운
① (8)	0, (×) × 8, ·	
② (16)	0, (⌄) × 8, ·	
③ (24)	0, (× ⌄) × 8, ·	
④ (32)	0, (× ⌄ ×) × 8, ·	
⑤ (40)	0, (× × × ⌄) × 8, ·	
⑥~⑧ (40)	0, (×) × 40, ·	
⑨ (38)	0, (× × × × ⁹×× × × ⚠ × × × × ⁹× × × ×) × 2, ·	

◦ 실을 10cm 정도 남기고 잘라 돗바늘로 정리한다.

모자 챙

시작	모자의 안쪽을 보고 ㉕번째 코에 실을 걸어 평면뜨기로 뜬다	Color 44번 커피브라운

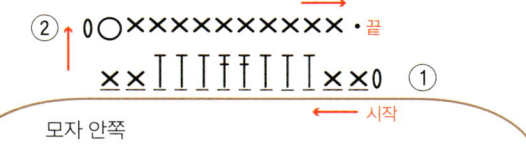

◦ 시작할 때 실을 10cm 정도 남기고 뜬다.
  다 뜬 후 실을 10cm 정도 남기고 잘라 돗바늘로 정리한다.
◦ 모자에 미싱용 고무줄을 꿰매 붙인다. 085p 참고

그레텔과 마녀 할머니 옷깃

사슬뜨기 18코

- 시작할 때 실을 50cm 정도 남기고 뜬다.
  다 뜬 후 실을 50cm 정도 남기고 자른다.
- 남긴 실을 돗바늘에 꿴 후 인형의 목에 꿰매 붙인다.

Color 1번 화이트

그레텔 앞치마

시작	사슬뜨기 10코로 시작해서 평면뜨기
① (14)	8, V, (TTV) × 3,
② (18)	8, V, (T) × 3, V, (T) × 4, V, (T) × 3, V
③ (20)	8, V, (T) × 16, V
④ (20)	8, (T) × 20
⑤ (24)	8, V, (T) × 5, V, (T) × 6, V, (T) × 5, V
⑥ (24)	8, (T) × 24

- 실을 10cm 정도 남기고 잘라 돗바늘로 정리한다.

Color 43번 진베이지

앞치마 끈 (늑대 케이프 끈 뜨기 113p 참고)

1. 사슬뜨기 30코를 뜬다.
2. 앞치마의 사슬뜨기한 부분에 짧은뜨기로 10코를 뜬다.
3. 사슬뜨기 30코를 뜬다.
4. 양 끝을 매듭지어 자르고 마무리한다.

Color 43번 진베이지

앞치마 주머니

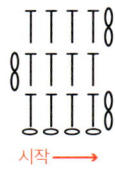

- 시작할 때 실을 10cm 정도 남기고 뜬다.
  다 뜬 후 실을 50cm 정도 남기고 자른다.
- 남긴 실을 돗바늘에 꿴 후 앞치마에 꿰매 붙인다.

Color 40번 그린

마녀 할머니 팔(2개)

	시작	실을 2번 감아 원형코 만들기
①~④	(8)	0, (×) × 8, ·
⑤	(12)	0, (×⩒) × 4, ·
⑥~⑯	(12)	0, (×) × 12, ·

Color ①~③ 3번 피치
④~⑯ 22번 진빈티지핑크

- 실을 10cm 정도 남기고 자른다.
- 남긴 실을 첫코의 안쪽으로 빼내 매듭짓는다.
- 솜을 채운다.

마녀 할머니 다리

	시작	실을 2번 감아 원형코 만들기
		다리 A 다리 B
①~⑯	(9)	0, (×) × 9, · 0, (×) × 9, ·
⑰	(30)	·, 0, (×⩒) × 5, (×⩒) × 5, ·
⑱~㉙	(30)	0, (×) × 30, ·

Color ①~⑥ 46번 브라운
⑦~㉘ 41번 진레드베이지
㉙ 53번 블랙

- ⑯단까지 다리 A와 B를 각각 뜬다.
  이때, 다리 A는 실을 10cm 정도 남기고 잘라 첫코의 안쪽으로 빼내 매듭짓는다.
  다리 B는 실을 자르지 않고 둔다.
- 마지막 단까지 뜨고 다리를 돌려 치마를 뜬다.

다리 연결하기(⑰단)

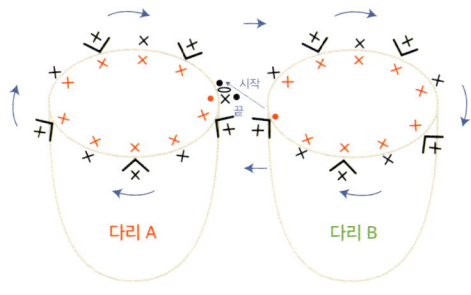

1. 다리 A와 B를 뜬 후 A는 실을 잘라서 준비하고, B는 실타래에 연결해 놓는다.
2. ⑰단은 ⑯단을 뜬 B를 A의 마지막 빼뜨기한 코에 빼뜨기로 연결한다.
3. 기둥코(사슬뜨기 1코)를 세우고 빼뜨기와 기둥코를 세운 자리에 짧은뜨기 1코를 뜬 후 짧은뜨기 2코 늘려뜨기를 한다. 4번 더 반복한다.
4. 다리 B의 ⑯단 첫코부터 짧은뜨기 1코를 뜬 후 다음 코에 짧은뜨기 2코 늘려뜨기를 한 후 빼뜨기한 자리를 포함해서 4번 더 반복한다.
5. 다리 A의 첫코에 다시 빼뜨기한 후 ⑰단을 마무리한다.

마녀 할머니 치마

| 시작 | 다리를 이은 인형을 돌려 마지막 코를 첫코로 두고 뜬다 | Color 53번 블랙 |

① (60)   0, (✧) × 30, ·
② (90)   0, (×✧) × 30, ·
③ (90)   0, (×) × 90, ·
④ (99)   0, (××××⁹××××✧) × 9, ·
⑤~㉑ (99)   0, (×) × 99, ·

◦ 실을 10cm 정도 남기고 자른 후 돗바늘로 정리한다.
◦ 마지막 단까지 뜬 후 ①단의 남은 반코에 살을 걸어서 몸통을 뜬다.

마녀 할머니 몸통

| 시작 | 치마의 첫코에 실을 걸어서 뜬다 | Color 22번 진빈티지딩크 |

① (27)   0, (××××⋀××××) × 3, ·
②~④ (27)   0, (×) × 27, ·
⑤ (24)   0, (×××⁷×××⋀) × 3, ·
⑥ (24)   0, (×) × 24, ·
⑦ (24)   0, (×) × 7, (×) × 4, (×) × 6, (×) × 4, (×) × 3, ·
⑧ (21)   0, (×××⋀×××) × 3, ·
⑨ (14)   0, (×⋀) × 7, ·
⑩ (7)   0, (○ ×) × 7, ·

◦ ⑦단의 ___ 부분을 팔과 함께 뜬다.
◦ 다리와 몸통에 솜을 채운다.
◦ 마지막 단까지 뜬 후 얼굴을 이어서 뜬다.

마녀 할머니 얼굴

| 시작 | 몸통에 이어서 뜬다 |  3번 피치 |

① (21)   0, (✧) × 7, ·
② (35)   0, (×✧✧) × 7, ·
③ (39)   0, (×) × 16, ✧,×,✧,×,×,×,✧,×,✧, (×) × 10, ·
④~⑮ (39)   0, (×) × 39, ·
⑯ (32)   0, (××⋀××) × 6, ⋀,×, ·
⑰ (24)   0, (××⋀) × 8, ·
⑱ (16)   0, (×⋀) × 8, ·
⑲ (8)   0, (⋀) × 8, ·

◦ ④단까지 뜨고 팔에 와이어를 넣는다.
◦ 마지막 단까지 뜬 후 실을 30cm 정도 남기고 자른다.
◦ 몸통과 얼굴에 솜을 채운다.
◦ 남긴 실을 돗바늘에 꿴 후 바짝 잡아당겨 구멍을 조인다.

마녀 할머니 머리카락

 51번 그레이

시작		실을 2번 감아 원형코 만들기
①	(8)	0, (×) × 8, ·
②	(16)	0, (∀) × 8, ·
③	(24)	0, (× ∀) × 8, ·
④	(32)	0, (× ∀ ×) × 8, ·
⑤	(40)	0, (×× ∀) × 8, ·
⑥	(44)	0, (××××∀××××∀) × 4, ·
⑦~⑭	(44)	0, (×) × 44, ·
⑮	(41)	0, (×) × 41
⑯	(41)	0, (⊗) × 41
⑰	(41)	0, (×) × 41

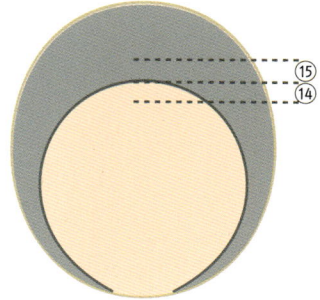

머리카락 꿰매는 위치

- ⑮단을 뜨고 편물을 돌린다(평면뜨기).
- ⑯단은 짧은뜨기 안쪽무늬뜨기로 뜬다.
- 마지막 단까지 뜬 후 실을 100cm 정도 남기고 자른다.
- 남긴 실을 돗바늘에 꿴 후 얼굴에 꿰매 붙인다.

앞머리카락

 51번 그레이

- 시작할 때 10cm 정도 남기고 뜬다. 다 뜬 후 실을 50cm 정도 남기고 자른다.
- 남긴 실을 돗바늘에 꿴 후 머리카락과 얼굴 사이에 꿰매 붙인다.

옆머리카락 (요정 옆머리카락 꿰매는 방법 153p 참고)

Color 51번 그레이

시작		사슬 30코로 시작해서 타원형 뜨기
①	(62)	
②	(66)	
③~④	(66)	0, (×) × 66, ·
⑤	(56)	0, (×) × 11, (🅰) × 5, (×) × 23, (🅰) × 5, (×) × 12, ·
⑥	(46)	0, (×××× ∀ ××× 🅰🅰🅰🅰 ××× ∀ ××××) × 2, ·
⑦	(23)	0, (×) × 23, ·

- ⑦단은 마주보게 접어 짧은뜨기로 뜨면서 구멍을 막는다.
- 구멍을 모두 막기 전에 솜을 채운다.
- 마지막 단까지 뜬 후 구멍을 막고 실을 100cm 남기고 자른다.
- 남긴 실을 돗바늘에 꿴 후 인형에 꿰매 붙인다.

마녀 할머니 얼굴 수놓기

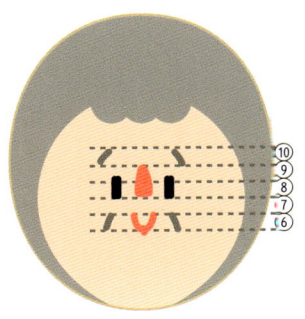

- **사용 바늘**: 자수용 바늘
- **수놓는 실 컬러**:
  눈-1번 화이트
  코, 입-18번 다홍
  눈썹, 주름-51번 그레이
- **기법**: 코-역삼각형 모양으로 수놓는다.

마녀 할머니 앞치마

시작	사슬뜨기 10코로 시작해서 평단뜨기
① (14)	8, V, (↑↑V) × 3,
② (18)	8, V, (↑) × 3, V, (↑) × 4, V, (↑) × 3, V
③ (20)	8, V, (↑) × 16, V
④ (20)	8, (↑) × 20
⑤ (24)	8, V, (↑) × 5, V, (↑) × 6, V, (↑) × 5, V
⑥ (24)	8, (↑) × 24
⑦ (24)	8, (↑) × 24

 Color 1번 화이트

- 마지막 단까지 뜨고 밑단을 이어서 든다.

앞치마 밑단

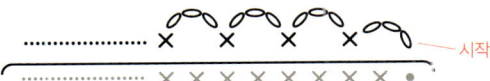

 Color 1번 화이트

- ⑦단에 이어서 밑단을 뜬다.
- 실을 10cm 정도 남기고 잘라 돗바늘로 정리한다.

앞치마 끈 (늑대 케이프 끈 뜨기 113p 참고)

1. 사슬뜨기 30코를 뜬다.
2. 앞치마의 사슬뜨기한 부분에 짧은뜨기로 10코를 뜬다.
3. 사슬뜨기 30코를 뜬다.
4. 양 끝을 매듭지어 자르고 마무리한다.

 Color 1번 화이트

마녀 할머니 두건

 25번 빈티지블루

시작	실을 2번 감아 원형코 만들기
① (9)	8, (丅) × 9, ·
② (18)	8, (V) × 9, ·
③ (27)	8, (丅V) × 9, ·
④ (36)	8, (丅V丅) × 9, ·
⑤ (45)	8, (丅丅丅V) × 9, ·
⑥ (38)	8, (丅) × 38
⑦ (38)	8, ((丅)) × 38
⑧ (38)	8, (丅) × 38
⑨ (38)	8, ((丅)) × 38
⑩ (38)	8, (丅) × 38

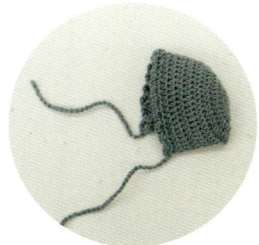

- ⑥단을 뜨고 편물을 돌린다(평면뜨기).
- ⑦단과 ⑨단은 긴뜨기 안쪽무늬뜨기로 뜬다.
- 마지막 단까지 뜨고 밑단을 이어서 뜬다.

밑단

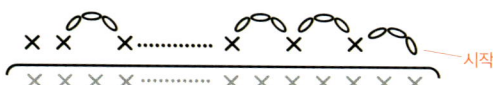

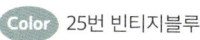 25번 빈티지블루

- ⑩단에 이어서 밑단을 뜬다.
- 실을 10cm 정도 남기고 잘라 돗바늘로 정리한다.

두건 끈 (늑대 케이프 끈 뜨기 113p 참고)

25번 빈티지블루

1. 두건의 끝 쪽에 실을 걸어 사슬뜨기 30코를 뜬다.
   시작할 때 실을 10cm 정도 남기고 뜬다. 양쪽 모두 뜬다.
2. 끝을 매듭짓고 짧게 잘라 마무리한다.
3. 시작할 때 남긴 실을 돗바늘에 꿴 후 두건에 숨겨서 정리한다.
4. 인형에 씌우고 리본으로 묶는다.

마녀 할머니 모자

| 시작 | 실을 2번 감아 원형코 만들기 | Color 53번 블랙 |

① (4)　0, (×) × 4, ·
② (8)　0, (⋎) × 4, ·
③ (12)　0, (× ⋎) × 4, ·
④ (15)　0, (××× ⋎) × 3, ·
⑤ (18)　0, (×× ⋎ ××) × 3, ·
⑥ (20)　0, (×××× ⋎ ××××) × 2, ·
⑦ (22)　0, (×××× ⋎⁹ ×××× ⋎) × 2, ·
⑧ (24)　0, (××× ⋎⁵ ××× ⋎⁵ ×××) × 2, ·
⑨ (26)　0, (×××× ⋎¹¹ ××××× ⋎) × 2, ·
⑩ (28)　0, (××× ⋎⁶ ×××× ⋎⁶ ×××) × 2, ·
⑪~⑫ (28)　0, (×) × 28, ·
⑬ (42)　0, (× ⋎) × 14, ·
⑭ (56)　0, (× ⋎ ×) × 14, ·
⑮ (63)　0, (××× ⋎⁷ ×××) × 7, ·
⑯ (70)　0, (×××× ⋎ ××××) × 7, ·
⑰ (72)　0, (××××××× ⋎¹⁷ ××××××××× ⋎ ××××××× ⋎¹⁷ ×××××××) × 2, ·

◦ 실을 10cm 정도 남기고 잘라 돗바늘로 정리한다.
◦ 미싱용 고무줄을 얼굴 크기에 맞게 단다. **085p 참고**

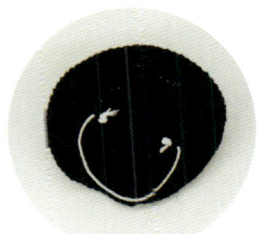

도토리 과자집 벽

시작	사슬뜨기 54코로 시작해서 타원형 뜨기

- ②~③단을 반복해서 ⑩⑦단까지 뜬다.
- 실을 10cm 정도 남기고 잘라 돗바늘로 정리한다.
- 마분지를 잘라 넣는다.
- ⑩⑧단은 반을 접어 끝 쪽에 실을 걸어 구멍을 막으면서 뜬다.

Color ①, ⑩⑧ 46번 브라운
②~⑩⑦ 배색 ■ 46번 브라운
■ 12번 오렌지
■ 9번 머스터드

× 벽 만드는 방법 ×

1. 107단까지 뜬다.

2. 마분지를 벽의 크기에 맞게 잘라 안에 넣는다.

3. 실을 잘라 돗바늘에 꿴 후 정리한다.

4. 반을 접어 끝 쪽에 실을 걸어 구멍을 막으면서 뜬다.

도토리 과자집 바닥

시작 | 실을 2번 감아 온형코 만들기   **Color** 5번 베이지

① (8)   0, (×) × 8, ·
② (16)   0, (ᐯ) × 8, ·
③ (24)   0, (× ᐯ) × 8, ·
④ (32)   0, (× ᐯ ×) × 8, ·
⑤ (40)   0, (× × × ᐯ) × 8, ·
⑥ (48)   0, (× × ᐯ × ×) × 8, ·
⑦ (56)   0, (× × ⁵× × × ᐯ) × 8, ·
⑧ (64)   0, (× × × ᐯ × × ×) × 8, ·
⑨ (72)   0, (× × × ⁷× × × ᐯ) × 8, ·
⑩ (80)   0, (× × × × ᐯ × × × ×) × 8, ·
⑪ (88)   0, (× × × × ⁹× × × × ᐯ) × 8, ·
⑫ (92)   0, (× × × × × × × ²× × × × × × × × ᐯ) × 4, ·
⑬ (96)   0, (× × × × ¹¹× × × × × ᐯ × × × × ¹¹× × × × ×) × 4, ·
⑭ (104)   0, (× × × × ¹¹× × × × × × ᐯ) × 8, ·
⑮ (112)   0, (× × × ⁶× × × ᐯ × × × ⁶× × ×) × 8, ·
⑯ (116)   0, (× × × × × × × × × × × × ²⁷× × × × × × × × × × × × × × × ᐯ) × 4, ·
⑰ (120)   0, (× × × × × × ¹⁴× × × × × × × ᐯ × × × × × × × ¹⁴× × × × × × ×) × 4, ·
⑱ (120)   0, (×) × 120, ·
⑲ (128)   0, (× × × ⁷× × × × ᐯ × × × ⁷× × × ×) × 8, ·
⑳ (136)   0, (× × × × × × × ⁵× × × × × × × × ᐯ) × 8, ·
㉑ (144)   0, (× × × ⁸× × × × ᐯ × × × ⁸× × × ×) × 8, ·
㉒ (152)   0, (× × × × × × × × ¹⁷× × × × × × × × × ᐯ) × 8, ·
㉓ (160)   0, (× × × × ⁹× × × × ᐯ × × × × ⁹× × × × ×) × 8, ·
㉔ (168)   0, (× × × × × × × × × ¹⁹× × × × × × × × × × ᐯ) × 8, ·
㉕ (176)   0, (× × × × ¹⁰× × × × × ᐯ × × × × ¹⁰× × × × ×) × 8, ·
㉖ (176)   0, (×) × 176, ·

∘ 실을 100cm 정도 남기고 잘라 돗바늘에 꿴 후 벽에 꿰매 붙인다.

✕ 바닥과 벽 꿰매는 방법 ✕

1. 벽을 바닥의 크기에 맞도록 위치를 잡는다.

2. 바닥은 가장자리 코머리를 통과하고, 벽은 아래쪽 접힌 면을 통과하면서 꿰매 붙인다.

벽 연결고리

| 시작 | 사슬뜨기 10코로 원형코 만들기 |  5번 베이지 |

① ~ ㉞ (10) 　0, (×) × 10, •

◦ 실을 50cm 정도 남기고 잘라 돗바늘에 꿴 후 벽의 위쪽에 꿰매 벌어지지 않도록 한다.

✕ 벽 연결고리 꿰매는 방법 ✕

1. 고리가 벽의 안쪽으로 들어가도록 위치를 잡는다.

2. 겉에서 꿰맨 자국이 보이지 않도록 돗바늘로 꿰매 붙인다.

도토리 과자집 뚜껑

| 시작 | 실을 2번 감아 원형코 만들기 | Color 47번 초코브라운 |

① (8)　0, (×) × 8, ·
② (16)　0, (ᐯ) × 8, ·
③ (24)　0, (× ᐯ) × 8, ·
④ (32)　0, (× ᐯ ×) × 8, ·
⑤ (40)　0, (× × ᐯ) × 8, ·
⑥ (48)　0, (× × ᐯ × ×) × 8, ·
⑦ (56)　0, (× × × ᐯ × × ×) × 8, ·
⑧ (64)　0, (× × × ᐯ × × ×) × 8, ·
⑨ (72)　0, (× × × × × × × ᐯ) × 8, ·
⑩ (80)　0, (× × × × ᐯ × × × ×) × 8, ·
⑪ (88)　0, (× × × × × × × × × ᐯ) × 8, ·
⑫ (92)　0, (× ᐯ) × 4, ·
⑬ (96)　0, (× × × × × × × × × × × × × ᐯ × × × × × × × × × × × ×) × 4, ·
⑭ (104)　0, (× × × × × × × × × × × ᐯ × × × × × × × ×) × 8, ·
⑮ (112)　0, (× × × ᐯ × × × ᐯ × × ×) × 8, ·
⑯ (116)　0, (× ᐯ) × 4, ·
⑰ (120)　0, (× × × × × × × × × × × × × × ᐯ × × × × × × × × × × × × × ×) × 4, ·
⑱ (120)　0, (×) × 120, ·
⑲ (128)　0, (× × × × × × × ᐯ × × × × × × ×) × 8, ·
⑳ (136)　0, (× × × × × × × × × × × × × × × ᐯ) × 8, ·
㉑ (144)　0, (× × × × × × × × ᐯ × × × × × × × ×) × 8, ·
㉒ (152)　0, (× × × × × × × × × × × × × × × × × ᐯ) × 8, ·
㉓ (160)　0, (× × × × × × × × × ᐯ × × × × × × × × ×) × 8, ·
㉔ (168)　0, (× × × × × × × × × × × × × × × × × × × ᐯ) × 8, ·
㉕ (176)　0, (× × × × × × × × × × ᐯ × × × × × × × × × ×) × 8, ·
㉖~㊶ (176)　0, (×) × 176, ·

◦ 실을 10cm 남기고 잘라 돗바늘로 정리한다.

뚜껑 손잡이

| 시작 | 실을 2번 감아 원형코 만들기 | Color 47번 초코브라운 |

① (8)　0, (×) × 8, ·
② (16)　0, (ᐯ) × 8, ·
③ (24)　0, (× ᐯ) × 8, ·
④ (32)　0, (× ᐯ ×) × 8, ·
⑤ (32)　0, (ㅈ) × 32, ·
⑥~⑯ (32)　0, (×) × 32, ·

◦ 실을 100cm 정도 남기고 자른다.
◦ 솜을 채우고 남긴 실을 돗바늘에 꿴 후 뚜껑의 중앙에 꿰매 붙인다.

도토리(1, 2, 3 각 2개씩)

시작	실을 2번 감아 원형코 만들기
① (5)	0, (×) × 5, ·
② (10)	0, (ᛉ) × 5, ·
③ (15)	0, (× ᛉ) × 5, ·
④ (18)	0, (××× ᛉ) × 3, ·
⑤~⑦ (18)	0, (×) × 18, ·
⑧ (18)	0, (ϯ) × 18, ·
⑨ (21)	0, (××××× ᛉ) × 3, ·
⑩ (21)	0, (×) × 21, ·
⑪ (18)	0, (×××× ⋀) × 3, ·
⑫ (9)	0, (⋀) × 9, ·

Color
도토리 1 ①~⑦ 9번 머스터드
　　　　⑧~⑫ 5번 베이지
도토리 2 ①~⑦ 48번 레드브라운
　　　　⑧~⑫ 5번 베이지
도토리 3 ①~⑦ 14번 러블리핑크
　　　　⑧~⑫ 40번 그린

◦ 실을 50cm 정도 남기고 자른다.
◦ 솜을 채운다.
◦ 남긴 실을 돗바늘에 꿴 후 바짝 잡아당겨 구멍을 조인다.
◦ 뚜껑에 꿰매 붙인다.

× 도토리 만드는 방법 ×

1. 8단은 실 컬러를 교체 후 앞걸어뜨기를 한다.

2. 9단은 앞걸어뜨기를 한 8단의 코머리에 뜬다.

3. 마지막 단까지 도안대로 뜨고 실을 50cm 정도 남기고 자른 다음 솜을 채우고 구멍을 조인다.

4. 구멍을 조인 부분에 코바늘을 넣어 실을 걸어 나온다.

5. 사슬뜨기 7코를 뜬다.

6. 남긴 실을 돗바늘에 꿴 후 사슬뜨기를 한 같은 편에 넣어 편한 곳으로 나온다.

7. 같은 곳으로 바늘을 넣어 사슬뜨기 근처로 뺀 뒤 사슬뜨기한 곳을 꿰매 붙여 구멍이 생기지 않도록 한다.

8. 도토리 윗부분이 볼록하지 않고 평평한 모양이 되도록 꼭지 주변을 한땀 크기로 3~4군데 꿰매 모양을 잡는다.

잎사귀(2개)

Color 34번 연두
11번 당근오렌지

		시작	실을 2번 감아 원형코 만들기
①	(8)		0, (×) × 8, ·
②	(12)		0, (× ♡) × 4, ·
③~④	(12)		0, (×) × 12, ·
⑤	(28)		0, (×) × 3, (⊖) × 8, (×) × 6, (⊖) × 8, (×) × 3, ·
⑥~⑦	(28)		0, (×) × 28, ·
⑧	(20)		0, (×) × 3, 쇼,쇼,쇼,쇼,(×) × 6, 쇼,쇼,쇼,쇼,(×) × 3, ·
⑨	(14)		0, (×) × 3, 쇼,쇼,쇼,(×) × 2, 쇼,쇼,쇼,(×) × 3, ·
⑩	(38)		0, (×) × 4, (⊖) × 12, (×) × 6, (⊖) × 12, (×) × 4, ·
⑪~⑬	(38)		0, (×) × 38, ·
⑭	(26)		0, (×) × 4, (쇼) × 6, (×) × 6, (쇼) × 6, (×) × 4, ·
⑮	(18)		0, (×) × 4, (쇼) × 4, (×) × 2, (쇼) × 4, (×) × 4, ·
⑯	(54)		0, (×) × 6, (⊖) × 18, (×) × 6, (⊖) × 18, (×) × 6, ·
⑰~⑳	(54)		0, (×) × 54, ·
㉑	(46)		0, (×) × 8, 쇼,(××쇼) × 3, (×) × 10, 쇼,(××쇼) × 3, (×) × 8, ·
㉒	(32)		0, (×) × 6, (쇼) × 7, (×) × 6, (쇼) × 7, (×) × 6, ·
㉓	(24)		0, (×) × 5, (쇼) × 4, (×) × 6, (쇼) × 4, (×) × 5, ·
㉔	(18)		0, (×) × 4, (쇼) × 3, (×) × 4, (쇼) × 3, (×) × 4, ·
㉕	(12)		0, (×) × 2, (쇼) × 3, (×) × 2, (쇼) × 3, (×) × 2, ·
㉖	(6)		0, (쇼) × 6, ·
㉗~㉙	(6)		0, (×) × 6, ·

◦ ▒ 부분은 코를 비우지 않고 사슬뜨기를 한다.
◦ 실을 50cm 정도 남기고 자른다.
◦ 남긴 실을 돗바늘에 꿴 후 사슬뜨기로 구멍을 내어놓은 곳을 감칠질해 구멍을 막는다.
◦ 와이어를 넣은 후 뚜껑 손잡이에 꿰매 붙인다.

Collect
18

시은맘의
명작 동화 손뜨개 인형

1판 1쇄 인쇄 2022년 12월 9일
1판 1쇄 발행 2022년 12월 12일

지은이 황부연
발행인 김태웅
편집주간 박지호
기획편집 정보영, 김유진
디자인 정윤경
마케팅 총괄 나재승
마케팅 서재욱, 김귀찬, 오승수, 조경현
온라인 마케팅 김철영, 김도연, 최윤선, 변혜경, 이재령
인터넷 관리 김상규
제작 현대순
총무 윤선미, 안서현, 지이슬
관리 김훈희, 이국희, 김승훈, 최국호

발행처 ㈜동양북스
등록 제2014-000055호
주소 서울시 마포구 동교로22길 14(04030)
구입 문의 전화 (02)337-1737 팩스 (02)334-6624
내용 문의 전화 (02)337-1734 이메일 dymg98@naver.com

ISBN 979-11-5768-838-8 13630

- 이 책은 저작권법에 의해 보호받는 저작물이므로 무단 전재와 무단 복제를 금합니다.
- 잘못된 책은 구입처에서 교환해드립니다.
- ㈜동양북스에서는 소중한 원고, 새로운 기획을 기다리고 있습니다.
- http://www.dongyangbooks.com

출간 기념 COUPON

본 쿠폰은 시은맘의 꼼지락 작업실
홈페이지(sieunmom.com) 내 사용 가능한 쿠폰입니다.

시은맘의 꼼지락 작업실
전제품 20% 할인 쿠폰

유효기간 : 2022년 12월 15일~2023년 2월 28일
이용 방법은 뒷면 참조

할인코드
sieunmomcom2023

· 홈페이지 회원에 한해 구매 가능하며, 한 아이디 당 1회 사용 가능합니다.
· 결제 시 할인코드를 적용할 수 있습니다.
· 홈페이지 내 타 이벤트와 중복 할인이 가능합니다.